अनुरागी मन

डॉ. दवीना अमर ठकराल

अनुक्रमणिका

शुभकामना

सृजनशीलता का गुण अनायास ही नहीं आ जाता है। नवाचार की ओर प्रवृत होकर, वर्तमान के संबंधों को भावी जीवन से जोड़ने की योग्यता ही किसी व्यक्ति अथवा साहित्यकार को सृजनशील बनाती है। ऐसा ही अदम्य साहस और सृजनशीलता का गुण डॉ. दवीना अमर ठकराल में कूट-कूट कर भरा हुआ है। शब्दों से खेलना, नित नव सृजन करना, अपनी लेखनी को नवीन आयाम देना और साहित्य सेवा को अपना कर्म मानना ही इनकी फितरत में शुमार है। अपनी प्रथम कृति प्रतिध्वनि से मिली अपार ख्याति ने इनके लिए द्वितीय कृति के सृजन का मार्ग प्रशस्त किया। मन में काव्य के प्रति उत्पन्न अनुराग ने इन्हें अनुरागी मन काव्य कृति लिखने को उद्धत किया।

छंदमुक्त काव्य के प्रति आसक्ति ने इन्हें नवगीत विधा में पारंगत किया। इनके काव्य में समाज को आईना दिखाने का हुनर, जनमानस के हृदय को टटोलने का गुण, अंतस की पीड़ा को सहज अभिव्यक्ति देना, आंतरिक द्वंद्व की भावाभिव्यंजना और अपनी लेखनी को विविध आयाम देना सरीखे गुण विद्यमान हैं। आपकी रचनाधर्मिता आपके लेखन में दृष्टिगोचर होती है।

आपको अपने द्वितीय काव्य संग्रह अनुरागी मन की असीम शुभकामनाएं।
यह काव्य संग्रह जनमानस की नब्ज को टटोलने का कार्य करे और समाज
के प्रतिष्ठित रचनाकारों में आपको प्रतिस्थापित करे। इसी शुभकामना के
साथ

डॉ विनोद वर्मा "दुर्गेश"

प्रतिष्ठित साहित्यकार संस्थापक (स्वतंत्र लेखन मंच)

जाने माने उच्च कोटि के साहित्यकार, लेखक एवं कवि।

मेरी भावाभिव्यक्ति

हरियाणा शब्द रूपी मोतियों की सुन्दरतम माला बना अपने भावों को अभिव्यक्ति रूपी धागे में पिरो सृजनता के क्षेत्र में नित्य नए सजे - संवरे कदम रखने वाली मंजी हुई सहृदया कवयित्री आ. डॉ. दवीना अमर ठकराल जी बधाई की पात्र हैं कि उनके मन के भाव कलम को हथियार बना काग़ज़ पर चित्रित हो पा रहे हैं और वो हस्तलिखित रचनाएँ मुद्रित रूप में सुगठित हो एक उत्तम काव्य संग्रह 'अनुरागी मन' बैनर तले हम सबके दिलों को झकझोरने व काव्यात्मक सरोवर में गोते लगवाने हम पाठकों के हाथों में पहुँच गयी है।

सकारात्मकता की मूरत बड़ी बहना आ. डॉ. दवीना अमर ठकराल जी प्रेम भाव को मन में संजोए पाठकों के साथ जोड़ना चाहती हैं दिल का रिश्ता, यही वो अपनी पहली कविता में अपना परिचय देती हैं। बाहर - भीतर के सौन्दर्य को एकीकृत करता उनका व्यक्तित्व काव्यात्मक विधा में लेखनी चलाकर नवाचार को स्थापित करते हुए खूबसूरत रचनाओं का सृजन कर साहित्य के क्षेत्र में एक अलग पहचान बना रहा है।

लगाकर रंग, बिरंगे पंख तितलियों से सुन्दर

विचरना चाहें आसमान की नीरवता में।

कर सृजन उन्मुक्त विषयों पर बेधड़क

वह जाना चाहते हैं अनवरत काव्यधारा में।

(कसक)

उपरोक्त पंक्तियों में काव्य विधा से जुड़े उनके भाव स्पष्ट दिखाई देते हैं। प्रेम में डूबे मन की आवाज़ किसको द्रवित न कर जाएगी।

लिख देती हूँ हर भाव अपनी कलम से,

ज़िक्र न हो तुम्हारा वो गीत मन को नहीं भाता।

(मुकाम)

'अनुरागी मन' स्वयं में संजोए हुए है रिश्तों से पनपते उद्गारों को। प्रत्येक शब्द जुड़ाव से उपजी खुशियों के साथ - साथ बेवफाई के असर को भी बयान करता है :

अब बेजान अश्क भी सूख गए कोरों में,

तेरी बेरुखी का असर हो गया मुझ पर।

(बेवफाई का असर)

मन जब कुछ चाहता है तो वो सीमाहीन हो जाता है। चाहतें दिलो-दिमाग पर हावी हो जाती हैं और वही चाहतें तूलिका से काग़ज़ पर रंग भरती नज़र आती हैं। प्रकृति प्रेमी दवीना जी का कुदरती नज़ारों को प्रतीक बना मन की सोच को काव्य बद्ध करना उनकी सृजनात्मक कुशलता को बखूबी प्रदर्शित करता है।

ढलती शाम में प्यार का खुमार जब विश्वास में बदलता है, तब ढलती शाम तन्हाई नहीं, रुमानी और रुमानी हो जाती है।

(सुहानी शाम)

विश्वास की बँधी डोरी में उलझ गए एहसास,

लगता है, धड़कनों की आवाज़ कुछ कम हो गयी।

(वक्त)

रिश्तों की अहमियत समझ रिश्तों को निभाने के लिए जी जान से जुटने वाली डॉ. दवीना जी की हर पंक्ति समेटे है अपनेपन की महक। प्रेम की मूरत 'दिवि' जी का कवि मन आहत भी होता है दुनिया की मतलबी रवायतों को देखकर, पीड़ा भी झलकती है उनकी अभिव्यक्ति में और इस अन्तर्निहित दर्द से उपजती है स्वयं के लिए संकल्प की सोच और प्रस्फुटित हो उठती हैं निम्न पंक्तियाँ :

उम्मीद की एक किरण अभी भी बाकी है,

फिर ज़िन्दगी खिलखिलाएगी स्वर्णिम भोर होने से।

(छा जाती है थकान मनचाहा न होने से)

आस-पास बसे संस्कारों की हवाओं का बदलता रुख देख विचलित हो जाता है कवयित्री दवीना जी का संवेदनशील मन और फँस जाता है दुविधा पूर्ण प्रश्नों के भंवर में। इसी का एक उदाहरण है उनके द्वारा रचित कविता 'आजकल का प्यार'

मेरी समझ से परे है

आजकल का अनोखा प्यार

- - - - - - - - - - - - - - - -

होता है केवल भ्रमित करना

क्या यही प्यार है या केवल धोखा देना।

मिले - जुले भावों, अहसासों में चलता जाता है यह जीवन चक्र, जिसमें समय बदलता रहता है, खट्टे - मीठे अनुभव देता रहता है, सुख - दुख के मिश्रित पलों को समेटे चलायमान रहता है सदा 'समय चक्र'

समय चक्र से कोई न बच पाए,

निशां अपने कदमों के दिल पर छोड़ जाए।

(समय चक्र)

ऐसे में काबिलेतारीफ हैं निम्न पंक्तियाँ :

सारे अवसाद निसार कर दुख दर्द विसार दें,

खुशियाँ छोटी-छोटी स्नेह के धागों में बाँध दें।

(स्नेह के धागे)

वाह! महकते भावों के समन्दर में गोते लगाते कितनी मनमोहक बात कह गयीं हमारी प्रिया दवीना जी :

सारा जग खूबसूरत नज़र आया जब देखा मन की आँखों से

हर रिश्ता प्यार से सराबोर हो गया जब देखा मन की आँखों से।

(मन की आँखों से)

आ. दवीना जी की पंक्तियों से प्रेरित मेरी पंक्तियाँ :

नज़रिए बदल जाते हैं

नज़ारे बदल जाते हैं

मन की आँखों से जब

रिश्ते आंके जाते हैं।

एक उत्कृष्ट आह्वान आ. डॉ. दवीना अमर ठकराल जी की ओर से पाठकों के लिए :

ध्यान, प्रार्थना, चिन्तन को करके जीवन में शामिल,

आध्यात्मिक केवल अपना व्यवहार ही बनाते चले जाएँ।

(अध्यात्म की ओर)

गौरतलब है अनुरागी मन की मनमोहक पुकार जो इंगित करती है कवयित्री दिवि जी की सात्विक सोच को :

सतरंगे पंखों को लगाकर

कहाँ उड़ चला अनुरागी मन?

राग - द्वेष के जग को तजकर

ढूँढे हर्षित सुख के क्षण।

अति उत्तम, वास्तविक अहसासों से सजा 'अनुरागी मन' काव्य संग्रह रूबरू कराने आया है आ. दवीना जी की अन्तर्निहित वैचारिक शक्ति से, सात्विकता से, उनके परोपकारी व सौहार्दपूर्ण व्यक्तित्व से जो समेटे है अपने अन्दर प्यार का गहन सागर जिसकी आज के में एक खास

अहमियत है। हार्दिक बधाई बड़ी बहन स्वरूपा आ.डॉ. दवीना जी को एवं शुभकामनाएँ लेखनी के सदा प्रगतिशील रहने के लिए।विनम्र निवेदन पाठकों के लिए कविताओं का रसास्वादन करते हुए भावों को समझ कर जन - हित सम्बन्धित सोच को विस्तार दें।

पेशेनज़र हैं मेरे भाव कवयित्री दवीना जी के लिए :

विचारों का कारवाँ बढ़ता रहे

कलम की धार पैनी होती रहे

जीवन के हर आयाम को छूते हुए

काव्य संग्रहों की संख्या बढ़ती रहे।

परम शान्ति की आस लिए

सबके लिए प्रेम का सन्देश लिए

सदा पल्लवित रहे अनुरागी मन

साहित्य अनुरागी 'अनु' की दुआएँ लिए।

डॉ अनीता राजपाल "अनु"

उत्कृष्ट सृजनकारा

कार्यकारी अध्यक्षा

स्वतंत्र लेखन मंच

अनुरागी मन सृजन से पूर्व मेरे मनोभाव

जीवन के इस अनिश्चित सफ़र में हर क्षण अनुकूल -प्रतिकूल, सुखद-दुखद, संयोग-वियोग, रुचि -अरुचि, प्यार-मनुहार, स्नेह-निष्ठुरता, आशा-निराशा, जीत-हार, विश्वास-अविश्वास बेवफ़ाई या रुसवाई के झूले में झूलते हुए प्रादुर्भाव होता है मानवीय संवेदनाओं का आस्था व श्रद्धा का ...

यही भावनाएँ कलमबद्ध होकर संग्रहित हुई अनुरागी मन की कल्पनाओं को समेटे हुए "अनुरागी मन"के रूप में, आप सभी आत्मीय साहित्य प्रेमी प्रबुद्ध व मनीषी पाठक वृंद के लिए।

" प्रतिध्वनि" की श्रृंखला में यह मेरी दूसरी सद्य कृति है जिसे आप अपने दिल के बहुत क़रीब पाएंगे ....। मैं आशान्वित ही नहीं पूर्णतया आश्वस्त हूँ।

समाज के अभिन्न अंग, हमारे अपनों के बीच बनता है हमारा व्यक्तित्व, मिले अनुभवों से और फिर तूलिका के सृजनात्मक रंगों से निखरता है जीवन, जो ले जाता है अनुरागी मन को संतुष्टता का भाव दे कर आध्यात्मिकता की ओर पूर्ण संप्रभुता के लिए।

अनुरागी मन की उडान ....

जिसमें केवल "मैं "हीं नहीं "हम सब" इन गलियों से गुज़रे हैं जहाँ कहीं अंधेरा तो कहीं उजाला, कहीं संकरी तो कहीं खुला मैदान, कहीं टेढ़ी

मेढ़ी पगडंडियां तो कोई सीधा सपाट रास्ता ...सफ़र में मिले अनुभवों, प्रेमाभिव्यक्ति से आत्मानुभूति को

काव्य बद्ध कर आप सबके बीच रखने का प्रयास किया है।

समर्पित है अनुरक्ति और विरक्ति के भावों साथ मेरा "अनुरागी मन"

मेरा परिचय ही मेरी पहचान से आरंभ करते हुए क्या लिखूँ पर क़लम थोड़ा रुकी, खुशियों को बुलाती हुई जीने की वजह, समय के चक्कर में उलझती कर तेरे खतों में प्यार ढूंढ कर आनंदित होती हुई रुह के मिलन को चाहत बनाकर स्नेह की बूंदों से इश्क़ करती हुई यादों को मिटाने की बात करती है।

क़लम के माध्यम से लेखन की प्रेरणा, बेवफ़ाई से उलझती ज़िंदगी, झूलते दिन-रात, बादल, प्रेम, नाराज़गी, अल्फाजों से मुक़ाम तक के सफ़र में वजूद को पहचान कर एतबार करते हुए चाँद के प्यार को मुखरित किया है।

प्रेम की पराकाष्ठा परिभाषित कर उम्र भर साथ निभाने का वादा, एक झलक की फरियाद, प्यार की गुस्ताख़ी, कुछ तुमने कहा, प्रतीक्षा, बड़े अदब से, सुहानी शाम ज़िंदगानी आदि विभिन्न भावों से उफनती तरंगों को समेटते हुए सागर से असीमित व अनंत अनुरागी मन को आनंदित किया।

प्रेमाभिव्यक्ति से ऊपर उठते हुए, इस पार से उस पार तक पहुँचते हुए, आत्मानुभूति

के सुखद एहसास को अब सबके बीच सांझा कर रही हूँ। मेरा नजरिया व आपकी पसंद का तालमेल हो जाए बस यही है "अनुरागी मन की अभिलाषा"।

दिल से आभार प्रकट करना चाहती हूँ साहित्य संगम संस्थान के पदाधिकारी आ. राजवीर सिंह" मंत्र" जी, डॉ कुमार रोहित रोज़ जी, आ. मिथलेश सिंह मिलिंद जी, आ.बहन संगीता मिश्रा जी, आ. डॉक्टर विनोद कुमार वर्मा "दुर्गेश"जी, आ.डॉ अनीता राजपाल जी व मेरा आत्मीय साहित्यिक परिवार जिनकी मंगल कामना व शुभभावना से मैं निरंतर साहित्यिक साधना कर पा रही हूँ।

यह कृति समर्पित कर रही हूँ मेरे जीवन साथी डॉ अमर ठकराल व मेरे प्यारे बच्चे आशीन, चाँदनी, अनुभव व दिवांशु को जिनके असीम प्यार व अनवरत प्रोत्साहन से दुसाध्य कार्य भी सुगम हो जाता है।

तहे दिल से आभार करना चाहती हूँ मेरे सांसारिक परिवार का जिनके आशीर्वाद से

यह यात्रा सुगम और सरल बना पा रही हूँ।

डॉ दवीना अमर ठकराल "दिवि"

२१.एम.सी. कॉलोनी

हिसार (हरियाणा)

१२५००१

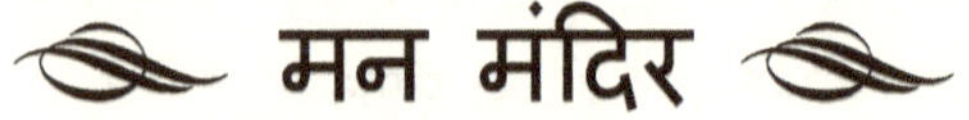 मन मंदिर

आओ मन को ही मन्दिर बना लें,

उसमें मानवता की मूरत बसा लें।

भाव समर्पण की थाली बना कर,

मैं (अहंकार) की जोत जला लें।

विषय विकार को तेल बना कर,

ईर्ष्या द्वेष दुर्भाव इसमें जला लें।

निष्ठा का शुद्ध कुमकुम लगाकर,

श्रद्धा, आस्था के फूल चढ़ा लें।

शुद्ध मनोवृत्ति का चरणामृत पी,

जीवन अपना पवित्र कर डालें।

दुर्गुण करें अर्पण, सद्गुणों अपना,

अमंगल को मंगल कर डालें।

रोम रोम में प्रभु को बसा कर,

जीवन अपना सफल बना लें।

कब शाम हो जाए जीवन की,

भावों को ही देवालय बना लें।

मेरा परिचय

मैं साधारण सी

सरल सी

नहीं मैं जटिल सी

बस हूँ मैं

दिलों को जोड़ने वाली

क़लम सी

हूँ अधूरी कहानी

अज्ञानी

जुड़ने लगी आपसे

क़लम के माध्यम से

नहीं मेरा कोई ऊँचा ओहदा

न ही कोई ऊँचा घराना

हूँ बस विचारों की मल्लिका

नहीं जानती दिल तोड़ना

लगे मिलने जहाँ दो दिल

वहीं मेरा बसेरा

वही मेरी पहचान

कैसे क्या लिखूँ?

क्या लिखूँ, कैसे लिखूँ,
वर्तमान, भूत या भविष्य पर।

बीते वक़्त पर लिखूँ तो,
आता है याद कड़ा संघर्ष।

जिसने किया मुझे सशक्त।
मन विचलित करने वाले संस्मरण,

जिनसे बढ़ा मेरा आत्मविश्वास।
ज़िंदगी न थी इतनी सहज और आसान,

न मान हार, बना ली समाज में पहचान।
बीते वक़्त की हिम्मत ने ही दिया सुनहला वर्तमान,

अभी और सजाना, सँवारना, सुधारना है मुझे आज।
लिखा कलम से, कुछ कहा, रहा कुछ अनकहा बन कर राज़।

इस सुहाने आज में, कर दूँ कुछ ऐसा,

जला दूँ एक मुहब्बत भरा रोशनी का दिये जैसा।

भविष्य में ही सौंपनी है वर्तमान की डोर,

हर अंधेरी गहन रात के बाद आती सुहानी भोर।

मैं लिख दूँ हर दर्द, हर ज़ख़्म,

रह न जाए हृदय में बनकर नासूर।

लेकर जाऊँ भविष्य में, बस तेरी सुनहरी याद,

छोड़ जाऊँ इस जहान में, मैं अपनी अमिट छाप।

आने दो ख़ुशियों को

आने दो खुशियों को

न रोको चौखट पर

भर देंगी तुम्हारा घर आँगन

उल्लास से

न रोको दरवाज़े पर

मन से भ्रम

अहम औ वहम

निकालकर दूर करो

खोल दो खिड़कियाँ घर की

ताज़ी हवा को

आने दो

न रोको बाहर

भरकर मन में

उल्लास, उत्साह जी भर कर

महकने दो जीवन

खुशियों से

कदम-कदम पर

न घबराओ

मेहनत से

दुःख दर्द से

दोस्तो

मिलेंगी खुशियां

कर के

सामना

केवल हिम्मत

के

बल पर ही

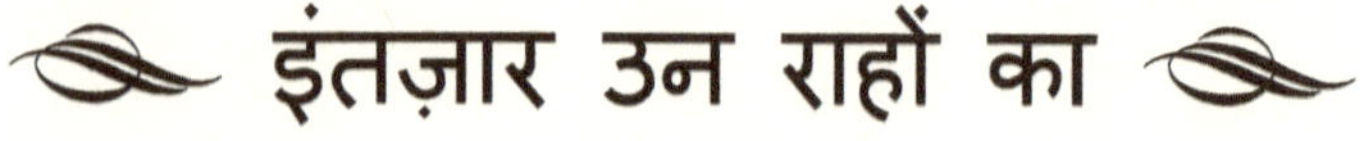

इंतज़ार उन राहों का

रहता मुझे इतंज़ार उन राहों का,
आत्मिक अहसास भरी पनाहों का।

चल कर ज़िंदगी अब रुकेगी वहाँ,
होगा जब असर तेरी निगाहों का।

है दिन रात दीदार का इन्तज़ार,
मौसम आया नहीं मुलाक़ातों का।

जानती हूँ न होगा ख़त्म इंतज़ार,
तेरी प्यार भरी गर्म सर्द बातों का।

चाँदनी करती रात भर इंतज़ार,
चाँद दिखा नहीं रुई सी रातों का।

धरा करती क्षितिज पर इंतज़ार,
न एहतराम अंबर की चाहतों का।

रहा मुझे तेरे इकरार का इतंज़ार,
होगा मिलन हमारे एहसासों का।

❧ हाँ!! ख़ुश तो हूँ मैं ❧

हो रही है भावों की अभिव्यक्ति

चंचल उद्गारों से भी विरक्ति

हाँ!! ख़ुश तो हूँ मैं....

पिंजरे बंद पक्षी को मिले नए पर

उड़ने को मन हमेशा रहता था आतुर

हाँ!! ख़ुश तो हूँ मैं....

बधं गए बंधन जो राह रोकते अभी

रिश्ते हैं अनमोल नहीं छोड़ते कभी

हाँ!! ख़ुश तो हूँ मैं....

एक पल में बिखर जाती भावनाएँ

नहीं समेट पाती मैं बिखरी संवेदनाएँ

हाँ!! ख़ुश तो हूँ मैं....

कैसे करूँ समझौता प्यार और बंधन में

कभी बन्धन बान्धता कहीं बन्धती प्यार में

हाँ!! ख़ुश तो हूँ मैं.....

मेरी ख़ुशी है कुछ बेमानी सी

क्या डर से ख़ुशी का मेल हुआ कभी

हाँ!! खुश तो हूँ मैं........

बहुत कीमती है जो ख़ुशी मैंने पाई है,

कीमत भी तो बहुत मैंने भारी चुकाई है।

❧ जीने की वजह ❧

जीने की वजह ढूँढते हैं,
आज खुद से ही बात कर लेते हैं।

न ख़ुशी पाकर न खोने का ग़म,
जीने की वजह यह कम तो नहीं।

न कोई गिला-शिकवा अपनों से,
जीने की यह वजह कम तो नहीं।

तन्हाई से भी नहीं लगता अब डर,
जीने की वजह यह कम तो नहीं।

न उदास होता दिल किसी के लिए,
जीने की यह वजह कम तो नहीं।

छिपाए दुख-दर्द दिल के कोने में,
जीने की यह वजह कम तो नहीं।

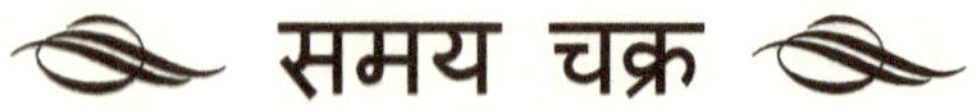

समय चक्र

समय चक्र से कोई न बच पाए,
निशां अपने क़दमों के दिल पर छोड़ जाए।

हो प्रसन्नता या अवसाद की घड़ियाँ,
मानस पटल पर अमिट छाप इनकी रह जाए।

पल पल हर्षाती हैं वो खुशियाँ,
जो समय चक्र के साथ मीत बन जाएँ।

हर पल कसक देती वो अनहोनी घटनाएँ,
कड़वी यादें बन हर पल हृदय छलनी कर जाएँ।

बढ़ता रहता निर्बाध गति से समय,
रोक सको तो रोक लो जो हो न पाए।

करें हर पल का सदुपयोग बनाकर लक्ष्य,
फिर नहीं आता हाथ जो पल फिसल जाए।

न होने दें ज़िंदगी में कुछ ऐसा अप्रत्याशित,

जिसकी याद आने पर ज़िंदगी बोझ बन जाए।

बना लें ज़िंदगी कुछ ऐसी सरल और आसान,

समय का दरिया समेट सब यादें अपने साथ ले जाए।

 निर्मल नेह

तलाश है निर्मल नेह और स्नेह की,
सतत् निश्चल, निस्वार्थ अनुराग की।

लिखे जो मित्रता की संपूर्ण परिभाषा,
पारस्परिक विश्वास और अपनत्व की।

न हो भय, न डर, न हो विच्छेद की संभावना,
मधुर सम्बन्ध, मित्रता की अटूट बंधन की।

हो अपनापन, साथ निभाने की प्रबल भावना,
नहीं चाहिए मित्रता केवल मौज मस्ती की।

हो मित्रता आत्मीयता से सरोबार निजता,
हाँ!! मुझे तलाश है निर्मल नेह और स्नेह की।।

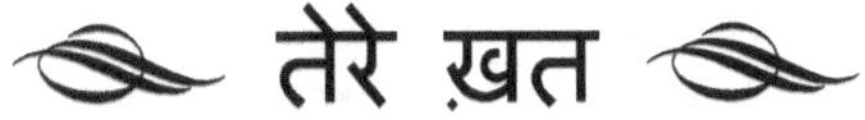 तेरे ख़त

कल्पनाओं से सुसज्जित,

भावनाओं को समेटे अरमान जगाते ख़त तेरे,

गूंजते हैं मेरे कानों में बनकर अलफ़ाज़ ख़त तेरे। अलफ़ाज़ ख़त तेरे।

क़रीब आकर तुम छेड़ देते हो सुरीली सरगम,

मीठा रस घोलते मेरे कानों बन गीत ख़त तेरे।

ख़ामोश होकर भी जज़्बातों से भरे राज खोलते,

मेरी अश्कों की बरसात में भीगते हैं रोज़ खत तेरे।

लम्हा-लम्हा जीती हूँ, प्यार भरे ख़त पढ़ कर,

विरह की अग्नि में शीतल जल बरसाते ख़त तेरे।

प्यारभरी, नटखट, शरारतों से भरी मुलाक़ातें,

चुंबन के निशान अंकित है बन हृदय पटल ख़त तेरे।

साँसों की ख़ुशबू, यादों की महक, तड़प की चुभन,

इकट्ठे बिताए क्षणों की सुगंध से महकते ख़त तेरे।

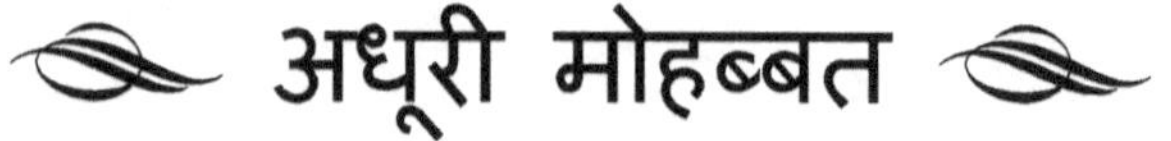

अधूरी मोहब्बत

बन कर घटा, कर दो प्यार की बरसात,
मेरी अधूरी मोहब्बत को पूरा कीजिए।

होंठों से न समझा सको कोई बात तो,
आँखों में आँख के डालकर कहा कीजिए।

मत पूछो कैसे घट रही है ज़िंदगी इस दौर में,
मेरे सब्र का न इतना इम्तिहान लिया कीजिए

तुम्हारी आदत को आदत सी हो गई है,
न इतना, इस तरह बेरूखी से रहा कीजिए।

ख़ुश होंगे करते हैं जो मोहब्बत जिस्म से,
हमारी रूह से मोहब्बत ज़रा किया कीजिए।

नशा हुआ तुम्हें बेवफ़ाई का, बेरुख़ी करके,
अब क़तरा क़तरा वफ़ा भी किया कीजिए।

तुम्हारे साथ जीने की तमन्ना अभी बाक़ी है,

तुम भी तो हमारी लंबी उम्र की दुआ कीजिए।

माँग लेंगे तुम्हें ख़ुदा से हर जन्म के लिए,

बस हमारी अधूरी मोहब्बत को पूरा कीजिए।

# स्नेह के धागे

ज़िन्दगी उलझ गई है बेमतलब की बातों में,
मन उलझ गया है निरर्थक ख्यालों में।

गिले-शिकवे, संशय ने घेरा संवाद को,
आओ सुलझा लें धैर्य से स्नेह के धागों को।

दिल को चैन नहीं, बेचैनी में सदा भटकता,
खुशियाँ बटोरने का निकालें कोई आसान रास्ता।

फट कर बिखरते रिश्तों को फिर से सी लें,
मुलाक़ात कर मुरझाए रिश्तों को प्यार से सींच लें।

सारे अवसाद निसार कर दुख दर्द बिसार दें।
खुशियाँ छोटी-छोटी स्नेह के धागों से बाँध लें।

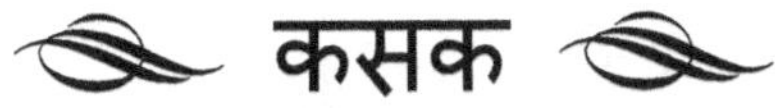 **कसक**

करना चाहा जब इश्क़ ख़ुद से,
मिली बहुत सी रुकावटें रास्ते में।

कभी लगा दी अनेकों बंदिशें मन ने,
कभी ख़ुद ही डूब गए ख़ामोशी में।

दिल में उठती है कसक टीस बनकर,
क्या बुरा है हम डूबे रहें ख़ुद के इश्क़ में।

लगाकर रंगबिरंगें पंख तितलियों से सुंदर,
विचरना चाहें आसमान की नीरवता में।

कर सृजन उन्मुक्त विषयों पर बेधड़क,
बह जाना चाहते हैं अनवरत काव्यधारा में।

निकलकर निरर्थक जिम्मेवारियों के भँवर से,
डूब जाएँ ख़ुद से ख़ुद ही इश्क़ के समंदर में।

करके स्वतंत्रता से सुप्त विचारों की अभिव्यक्ति,
परम आनंद की परम सीमा की अनुभुति चाहते हैं।

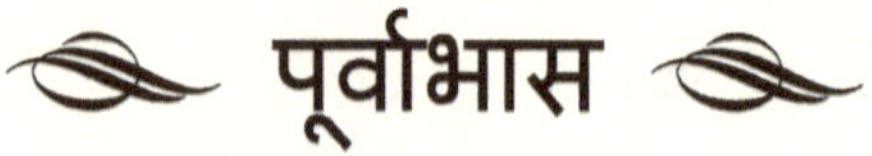# पूर्वाभास

नहीं कोई साक्ष्य बेबसी का केवल आभास है,
दत्तचित्त होकर समर्पण करने का ही प्रयास है।

बनता जब ठूंठ सी सम्भावनाओं का वृक्ष,
स्वतंत्रता का क्या मोल किसे एहसास है।

प्रतिकार लेने की नहीं होती क्षम्य भावना,
मन का हनन ही अत्यंत क्रूरता परिहास है।

चंद शब्दों के प्रहार रहते हैं जीवन पर्यंत,
अवमानना मर्मांतक प्यार का उपहास है।

स्वयं ही तो उलझते जाते परत दर परत,
तिरोहित होते स्वाभिमान का पूर्वाभास है।

बदलते रिश्ते

रिश्ते हर वक़्त यूँ बदलते हैं,

अश्क आँखों से ज्यों निकलते हैं।

जैसे उगता ही आफताब कोई,

टूट कर ख्वाब दिन से ढलते हैं।

जिस्मों-जाँ में क़ियाम चाहे हैं,

उम्र के साथ अरमाँ बढ़ते हैं।

ठेस इस दिल को है लगी ऐसे,

सब मेरी ही ख़ुशी से जलते हैं।

अज़्म तो कुछ इस तरह किया,

अहम् सीने में पाल कर उछलते हैं।

रूह का मिलन

रूह से रूह का आज वास्ता हो गया,
आँखों से आँखों का मिलन हो गया।

अब हृदय की गाँठें खोल भी दो तुम,
तुमसे मिलकर मन बचपन में खो गया।

अब पढ़ लो आँखों से दिलबर मुझे,
देख तुम्हें मैं निशब्द और मौन हो गया।

था जो इश्क़ बचपन में मुझे तुमसे,
होकर जुदा था वो कहीं गुम हो गया।

बँधे थे सामाजिक दायरे की मर्यादा में,
आज मिलकर अचानक जागृत हो गया।

आओ बैठो घड़ी दो घड़ी हमारे पास,
ढूँढ लें वो इश्क़ जो बचपन में खो गया।

नयन तरसे थे जिस दीदार को बरसों,
मुद्दत बाद नयनों से इश्क़ का दीदार हो गया।

❧ क्या चाहता है ये दिल ❧

कहना मुश्किल क्या चाहता यह दिल,

पर बेचैन बहुत है, नाज़ुक सा यह दिल।

नहीं जानती क्यूं बेताब बहुत बेसब्र है,

किसका इंतज़ार करता रहता यह दिल।

जानती हूँ इंतज़ार न ख़त्म होगा उम्रभर,

नादान है नादानी कर रहा है यह दिल।

टूट कर बिखर जाएगा यह एक दिन,

नहीं जुड़ पाएगा फिर से यह दिल।

तलाश है एक सुकून की जो है मृगतृष्णा,

समझ कर क्यों नहीं समझता है यह दिल।

बारिश सी बूंदों का इश्क़

बारिश सी बूँदों सा इश्क़ हो गया,
गिरी तन पर मन तृप्त हो गया।

नहीं दो जिस्म साथ तो क्या,
ख़्याल से मन रुहानी हो गया।

हिमालय की गोद से निकली,
इठलाती नदी को इश्क़ हो गया।

थाम धरा को बाहों में अपनी,
अंबर अपना वजूद दिखा गया।

अमावस की रात का जुगुनु,
अँधेरी रात रौशन कर गया।

झिलमिल तारों की बारात में,
चाँद चाँदनी का मिलन हो गया।

हुआ रुह से रुह का पवित्र मिलन,
तन मन रोमांचित होकर खो गया।

 क़लमकार

आया था वो क़लमकार बन कर,

दुखदर्द बांटा उसने हमदर्द बनकर।

दे गया एक कसक उम्र भर के लिए,

चाहता था साथ हमराही बन कर।

हर गीत गाया नहीं जाता तरन्नुम में,

भँवरा व सुमन न उड़ते साथी बनकर।

हो गई ज़िंदगी वीरान दूर तलक,

यूँ नहीं बनता कोई हमराही बनकर।

करना तो है बस उसे ही फ़ैसला,

यादों में बसेगा क़लमकार बन कर।

 # देर लगेगी

तेरी यादों को मिटाने में देर लगेगी,
दिल है पागल मनाने में देर लगेगी।

तेरी चाहत बस गई है दिल में ऐसे,
चाहत दिल से हटाने में देर लगेगी।

चाहा तो था तुम से बहुत दूर जाना,
तुमसे दूर जाने में ज़रा देर लगेगी।

फ़ितरत में नहीं था मोहब्बत करना,
रुको मोहब्बत जताने में देर लगेगी।

 मिलन

क्यों बने सबब तुम मेरी लेखनी का,
क्यूँ मोडा़ रूख तुमने मेरी ज़िंदगी का।

न चाहकर भी चाहने लगे तुम्हें हरपल,
अब तो बना किस्सा केवल चाहत का।

लिखने लगी क़लम से प्यार के क़िस्सा,
मौसम बन गया बसंती पवन का झौंका।

था वह बहुत ही अविश्वसनीय पल मेरा,
जब तुमने प्यार से प्यार बुलाया मुझको।

छूने लगी आस्मां बन कर पंछी स्वतन्त्र,
अभी तो शुरू हुआ था सफ़र गगन का।

न थी चाहत कभी मिलन की मुझे तुमसे,
प्यार था केवल लेखन और लेखनी का।

नहीं थी कोई बात रूमानी मेरे अन्तर्मन,
प्यार से बुलाना ही बना तराना दिल का।

बेवफ़ाई का असर

तेरी बेवफ़ाई का असर हो गया मुझ पर,
तेरे प्यार का नशा बेअसर हो गया मुझ पर।

अब बेजान अश्क़ भी सूख गए कोरों में,
तेरी बेरुखी का असर हो गया मुझ पर।

थी मेरी आदत मोहब्बत को निभाने की।
सपनों में न आने का असर हो गया मुझ पर।

बेवजह न बढती धड़कन देखकर तुझको,
हसीन ख़्वाबों का असर हो गया मुझ पर।

तेरी जुदाई से ना बढती अब मेरी तन्हाई,
मेरी फ़ितरत का असर हो गया मुझ पर।

सकून से निभाने दे मुझे यह प्यारा रिश्ता,
मेरे नसीब का असर हो गया मुझ पर।

न कर यक़ीन तूँ 'दिवि' किसी पर भी अब,
तेरी रवायतों का असर हो गया मुझ पर।

 उम्मीद की लौ

बची थी थोड़ी चिन्गारी राख में,
वरना आग तो कब की बुझ चुकी।

उम्मीद की लौ कब तक रोशन करेगी,
चाँदनी रात तो कब की ढल चुकी।

तारीफों के पुल पर बाँध नहीं बनते,
बहते दरिया में नाव कब की डूब चुकी।

दोष केवल नकारात्मक नज़रिए का होता,
अपेक्षाओं की इमारत कब से खंडहर हो चुकी।

वादों की बंजर ज़मीन पर रिश्ते नहीं पनपते,
सुखद एहसास की नमी तो कब से उड़ चुकी।

अवसरवादिता में शब्द दबकर रह जाते हैं,
क़लम की स्याही तो कब की सूख चुकी।

झूलता सा दिन

सुबह और रात

के बीच

झूलता सा दिन

परछाई

कभी लंबी कभी छोटी

कभी

ख़ुद के क़द से भी बड़ी

धूप का एहसास

कभी सुखद

कभी तीखा सा

तेज़ हवा के बीच

गुम होता सा

कभी महकते

कभी झुलसते

एहसास बनकर भाव

सूख जाते समंदर भी

अश्रु बन

पडती दरारें

भ्रमित होते रिश्ते

धूप ही तो

लगती कभी सुहानी

तो कभी रोमानी

तो कभी

झुलसाने वाली

प्रेम जतलाना नहीं आता

तुमसे प्रेम तो है, पर जतलाना नहीं आता,
कैसे करूं इज़हार, तौर तरीक़ा नहीं आता।

रहती है हर पल परवाह तुम्हारी,
तुम्हारे मन पर रहे कोई बोझ मन, को नहीं भाता।

पढ़ती रहती हूँ तुम्हारे चेहरे के भावों को,
हो तुम्हारे माथे पर शिकन मन को नहीं भाता।

लिख देती हूँ हर भाव अपनी क़लम से,
ज़िक्र न हो तुम्हारा वो गीत मन को नहीं भाता।

दिल और दिमाग पर छाए हो इस तरह,
तुम बिन कोई पेड़ बरगद सा, नहीं लगता।

बस यही है मेरे प्यार करने का तरीक़ा,
तुम सा पावन और निस्वार्थ रिश्ता कोई, नहीं लगता।

❧ प्यार नहीं है बंधन ❧

प्यार को कभी बंधन नहीं समझना

प्यार को कभी शर्तों में नहीं बाँधना

प्यार कोई व्यापार नहीं

जिसमें लाभ हानि का सवाल हो

भेदभाव जाति पाति हो

प्यार कभी मजबूरी नहीं

स्वयमेव उपजता, खिलता, महकता

प्यार एक एहसास है

प्यार को कभी बंधन नहीं समझना

प्यार को कभी शर्तों में नहीं बाँधना

प्यार में मर्यादा भी नहीं है बंधन

अनुशासित जीवन भी नहीं है बंधन

निरंतरता भी नहीं है बंधन

परंपराएं निभाना भी नहीं है बंधन

माँ बाप का नियंत्रण भी नहीं है बंधन

उनके अरमानों को पूरा करना भी नहीं है बंधन

संस्कारों से सींचा जाता हमारा जीवन

नहीं है यह जीवन के बंधन

ये हैं सफलता के सोपान

जिनसे मिलता खुला आसमान

 बादल

बरस तो अवश्य ही जाता है,

जब बादल घना और सघन होता है।

होता सुखद इन्तज़ार कहीं सैलाब,

रुकता नहीं कहीं बस बहता ही जाता है।

हरिया गई धरती सब पेड़ पौधे,

नवांकुर भी कोने में नज़र आ जाता है।

कहीं धुल कर पत्थर भी चमक गए,

दूर से तो सब संगमरमरी सा नज़र आता है।

शिलाओं के बीच नीम चुपके से झाँक कर,

अपने निखरे से वजूद अहसास करा ही जाता है।

पक्षियों, गिलहरियां ने दी अनमोल सौग़ात हमें,

अंकुरित, पल्लवित पादप सहयोग दर्शा जाता है।

मिलता जब अनुकूल वातावरण और प्रोत्साहन,

पनपते नए कोमल प्राकुंर, विचारों का प्रादुर्भाव होता है।

क़ुदरत का यह करिश्मा तो देखो,

सुप्त भाव जज़्बात बनकर उभर आता है।

यह संयोजन बादल और प्रीत का,

चारों तरफ़ प्यार की बौछार कर जाता है।

बरसता जब नीर आँखों से आँसू बनकर,

याद अपनों की फिर बरबस दिला ही जाता है।

पल-पल बदलती क़ुदरत की मदमस्त फ़िज़ाएँ,

जीवन क़ुदरत का ही तो पर्याय हो कर पल्लवित होता है।

नाराज खुद से हो जाती हूँ

नाराज़ तुमसे नहीं, ख़ुद से हो जाती हूँ।

कोशिश करते करते भी कभी-कभी,

तुम्हें समझने में नाकामयाब हो जाती हूँ।

बेबसी, उलझन, तुम समझ नहीं पाते हो,

तुम्हारे दूर निकलते ही अकेली हो जाती हूँ।

सिमट कर रह जाती हैं सुखद भावनाएँ,

थम जाती है उद्वेलित करती संवेदनाएं।

मानती हूँ तुम्हें परवाह है मेरी नाराज़गी की,

तभी तो कोई शिकायत नहीं कर पाती हूँ।

नाराज़गी भी तो एक ख़ूबसूरत रिश्ता है,

दिल दिमाग़ में बस तुम्हें ही बसा पाती हूँ।

हर बात मान भी लेते हो तुम ख़ुशी से मेरी,

तुम्हारी नाराज़गी का ये अनोखा अंदाज़ मैं पाती हूँ।

हवा हो जाती है उदास, फ़िज़ा हो जाती है ख़ामोश,

जब कभी तुम्हें मैं नाराजगी में पाती हूँ।

चलो छोड़ो ये नाराज़गी का सिलसिला,

तुम बिन हम हैं अधूरे यही समझाकर दिल को,

हमेशा तुम्हें अपने दिल के बहुत क़रीब पाती हूँ।

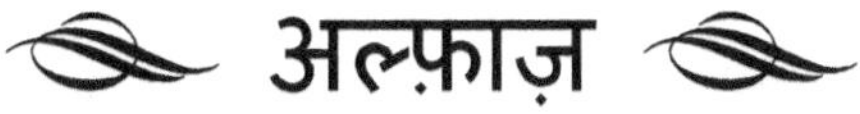 अल्फ़ाज़

कागज़ पर अल्फ़ाज़ उकेरना चाहते हैं,

पर कहाँ चित्रों में रंग भर पाते हैं।

चाहतें तो होती हैं सुप्त मन में,

पर कहाँ चाहकर भी चाह पाते हैं।

प्रीत तो बस जाती है सपनों में,

नहीं सपने दिल में बसा पाते हैं।

सपने तो ठहर जाते हैं पलकों पर,

नयनों को बस नमी ही दे जाते हैं।

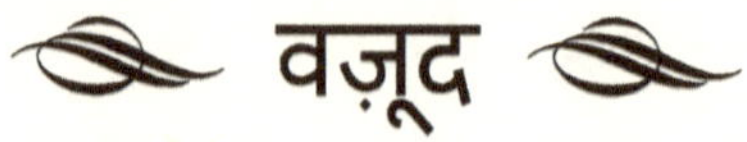 वज़ूद

जानती हूँ मैं मेरे वजूद की हर हद,
हमसफ़र बन मेरा वजूद मान लेती हूँ।

तेरी आँखों में भूलकर ख़ुद को ही,
उसी को ही मेरा वजूद मान लेती हूँ।

अपने वजूद को खोकर पाया तुझको,
तेरे प्यार को ही मेरा वजूद मान लेती हूँ।

टूट सा गया चाहतों का अब सिलसिला,
तेरी हर चाहत को मेरा वजूद मान लेती हूँ।

मोहब्बत की है मैंने वैसे इस हद तक,
तेरे किरदार में मेरा वजूद मान लेती हूँ।

तलाश है मुझे मेरे वजूद की अब तक,
बेहद, बेपनाह, बेहिसाब हूँ मान लेती हूँ।

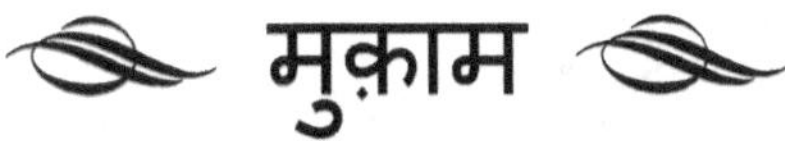# मुक़ाम

समझी थी मुक़ाम मिल गया मुझे,

जीने का नया आयाम मिल गया मुझे।

नहीं था यह सब इतना भी आसान,

था एक भ्रम एहसास हो गया मुझे।

तेरी हर चाहत को चाहत बना कर,

हर बार करना पड़ा समझौता मुझे।

लड़ लेती मैं दुनिया से तेरे लिए,

खुद से ही लड़ना पड़ा हर बार मुझे।

बन गए दर्द और दवा भी तुम ही,

ये प्यार की हद बेचैन करती है मुझे।

होंठों की मुस्कुराहट नहीं है हक़ीक़त,

तेरी बेपरवाही उदास करती है मुझे।

 हस्ताक्षर

कर दिए हस्ताक्षर तुमने मेरे दिल पर,
हुई पुलकित, पल्लवित, पुष्पित तुम्हें पाकर।

लिखे बहुत से पन्ने ज़िंदगी के तुमने,
रिक्त रह गए अब भी दिल के कई कोने।

बिता लें अविस्मरणीय लम्हें मिल कर,
तमन्ना है बिखेर लें इन्द्रधनुषी रंग कोरे पन्नों पर।

इस तरह कि फ़ीके न हों ये रंग कभी,
आओ जी लें जी भरकर जिंदादिली से ज़िंदगी।

अमिट छाप हो तुम्हारी ज़हन पर इस तरह,
अनजान सूनी राहें भी परिचित सी लगने लगें।

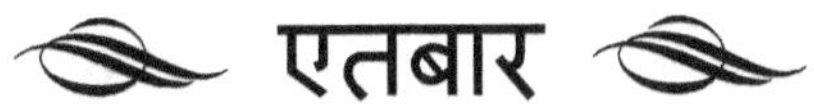

एतबार

कयूँ चाहते हो मैं अब एतबार कर लूँ,
थमी साांसों से तुम्हारा इंतज़ार कर लूँ।

हर साँस में बसा लिया था तुमको,
इंकार में अब कैसे इकरार कर लूँ।

गम नहीं रहा अब तुम्हारे न लौटने का,
यादें मिटाने का अब कोई इंतज़ाम कर लूँ।

दस्तक तो देते हो रह-रह कर ख़्वाब में तुम,
खामोशियों से ही तुम्हारे प्यार का इज़हार कर लूँ।

भले आईने सा टूट कर टुकड़े हुआ बेचारा ये दिल,
क्यूँ न हर टुकड़े में ही तेरे अक्स का दीदार कर लूँ।

चाँद का प्यार

मैंने पूछा चाँद को, था मेरे नज़दीक वो,
था वो अकेला, उदास और तन्हा वो।

क्यों ताकते हो तो धरती को एकटक,
कौन चाहिए तुम्हें उदासी दूर करने को।

बोला तुरंत मुझसे प्यार करे असीम,
बने प्रियतमा मेरी कुछ ऐसी हो वो।

निहारे, सराहे, निबाहे जो प्यार से,
मनुहार, प्यार, दुलार करे मुझे वो।

अपलक, अनवरत, निरन्तर, पावन,
अव्यक्त सा प्यार करे मुझसे वो।

जो पास न होकर भी पास हो साथ,
न होकर भी जिसका एहसास हो।

मैंने झांका ख़ुद में और हसँ दी मैं,

और बदले में क्या दोगे तो उसको।

मैं तो सदा प्यार करने वालों का हूँ,

और मैं उसका हूँ और क्या चाहे वो।

चांद ने कहा चुप्पी तोड़ो बताओ भी,

छोड़कर उदासी, मुस्कुराओ तुम भी तो।

बताओ तुम्हें क्या और कौन चाहिए?

मैंने सकुचाते, शर्माते, झिझकते हुए कहा।

मुझे तुम ही चाहिए, उसने पलट कर कहा,

जो तुम्हें चाहिए, बस मैं ही हूँ केवल वो।

अगर तुम साथ हो...

या यूँ कहूं कि तुम साथ हो तभी तो.....

हर समस्या का समाधान हो जाता है निर्विघ्न

राहें मुश्किल होते हुए भी हो जाती है आसान

अंधेरी रात में भी मिलती है रोशनी की झलक

ज़िंदगी में हमेशा बनी रहती है जीने की ललक

तुम साथ हो तभी तो ....

सभी सगे-संबंधियों से जुड़ पाए अटूट रिश्ते

सभी को अपना बना पाए सभी के संग रिश्ते

बच्चों को कर संस्कारित हुआ उनका मार्गदर्शन

समाज में बना पाए वो एक सम्माननीय पहचान

तुम साथ हो तभी तो.......

नव प्रभात, नव दिवस देता, सुहानी दस्तक रोज़

निज हृदय में बसाकर तुम्हें, होती नई रात रोज़

हर दिन लेकर आता नई उमंग, नया उत्साह

छलकती ख़ुशियाँ होता रोज़ ज़िंदगी में प्रवाह

तुम साथ हो तभी तो......

जीवन को मिली एक नई दिशा

कल्पनाओं को मिली नित आशा

ज़िंदगी में मिला एक नया लक्ष्य

सार्थक प्रेम को मिली पराकाष्ठा

तुम साथ हो तभी तो....

तुम रहो सदा मेरे साथ.....

क्योंकि......

तुम हो मेरी ज़रूरत

मेरी ख़ुशी, मेरा प्रेम

मेरा सुखद एहसास

तुम्हीं राह, तुम ही मंज़िल

तुम ही चाह, तुम ही परवाह

तुम ही वार, तुम ही त्योहार

तुमसे ही है मेरा सम्मान, मेरी पहचान

हो मेरी किस्मत, गीत-संगीत

हर धड़कन में तुम, हर साँस में तुम

दिल में बसते हो बस तुम ही तुम

मेरे अपने केवल तुम ही हो मेरे अपने....

अगर तुम मेरा साथ दो तो

यूँ ही चलते रहेंगे साथ साथ ज़िंदगी भर, हर डगर।।।।।

# उदास मन

उदास मन की व्यथा कैसे बताएँ,
आँखों में छिपी नमी कैसे दिखाएँ।

कहने को तो सब होते ही हैं अपने,
एकांत में यामिनी रहे तो किसे अपना बताएँ।

हँसते हँसाते ज़माना रोने तो नहीं देता,
थक जाएँ ख़्वाब तो सपनों में कैसे बुलाएँ।

हर शय में जब उदासी झलकने लगे,
तटस्थ राहों पर साथ कैसे चल कर दिखाएँ।

विश्वास करके भी जब विश्वास न हो,
स्वयं रूठकर फिर स्वयं को कैसे मनाएँ।

किताबी बातों में सच कहाँ छुपा है,
मन को ये रहस्यवाद कैसे समझाएँ।

चलना चाहें जब भी हाथ में हाथ लेकर,

पकड़ कमज़ोर हो तो ये रिवाज़ कैसे निभाएँ।

हर बार लहरें किनारे से वापिस लौट आती हैं,

समंदर के शोर में बेकरार मन को कैसे रिझाएँ।

मनमौजी से विचार

मनमौजी से विचार

घेर लेते हैं

अभ्र की तरह, मस्ताते, उलझाते

मग़रूर होकर

बेमतलब, बेसिरपैर, बेरोकटोक से

कर देते हैं वजूद को ख़त्म

बना देते हैं आसान ज़िंदगी को

घुमावदार

फंसकर चक्रव्यूह में

होता बारिश में भीगने जैसा

तन भीगता, मन सुलगता

होता सब बेमेल सा

नहीं थमते ये मनमौजी विचार

कभी अहम का हनन

कभी पीड़ा से रुदन

नहीं पकड़ पाते

रंग बिरंगी तितलियों को

केवल भरमाती

एक फूल से दूसरे फूल तक

होते प्रतिरूप ये मनमौजी विचार

उड़ती पतंग से

ढील देते ही छूने लगते नभ को

विचरते आसमान में स्वतंत्र होकर

अनायास, अपलक, अचानक, अकारण

होते धाराशायी

देखते ही देखते, संभालते संभालते

किसी की हार

किसी की जीत

का जश्न मनाते

गलबाहियां डालकर

अपरिमित प्रेम जतलाते

प्रभंजन से ये मनमौजी विचार

साथ निभाना है उम्रभर....

साथ निभाने का वादा है उम्र भर,
चलना है हाथों में हाथ थाम कर।

प्रीत सच्ची हो ग़र मन मीत से,
क्यों बात बढ़ानी तकरार कर।

प्यार में हार जीत का प्रश्न कहाँ,
मुलाक़ात हो मन से मन मिला कर।

छोटी सी ही है यह अनमोल ज़िंदगी,
क्यूँ न जी लें इसे ज़िंदादिली से जी भर।

नहीं तोड़ना चाहिए विश्वास किसी का,
दे जाते हैं न भरने वाले घाव ज़िंदगी भर।

ग़लतफ़हमियाँ दूर करते रहना चाहिए,
यूँ अच्छा नहीं होता जाना मुँह मोड़ कर।

प्रीत के धागों का टूटना दे देता है गाँठें,
निभाते रहिए प्रीत के बंधन रीत समझ कर।

 कर दी तेरे नाम

ज़िंदगी ही अब कर दी तेरे नाम,
अरुणिम सुबह ढलती हर शाम।

जो दिया तूने जो ले लिया तूने,
पाया खोया कर दिया तेरे नाम।

मिली धूप तीखी या ठंडी छाँव,
पाया आराम कर दिया तेरे नाम।

बूँद बूँद से भर अंजुमन समेटी,
भर ली गागर कर दी तेरे नाम।

कभी तप कर मोम सी पिघली,
सोने सी चमकी कर दी तेरे नाम।

क्या कहूँ अब तुझसे ऐ ज़िंदगी,
हर ग़म हर खुशी कर दी तेरे नाम।

ज़िंदगी से इश्क़....

बिन बताए ले जाता है दिल मुझे,
जहां सुकून मिले रास्ता दिखाता है मुझे।

गुमराह नहीं हूँ मंज़िल मिलेगी कभी न कभी,
जहां नहीं अपनत्व ये दिल ठहरने देता नहीं है मुझे।

ख्वाहिशें ज़्यादा तो कभी नहीं थी ज़िंदगी में,
पर थक कर बैठ जाना भी मंज़ूर नहीं है मुझे।

दिलकश हो साथ और हो विश्वास भी अटूट,
तमन्नाओं में उलझने की ज़रूरत ही नहीं है मुझे।

छोड़ दी है फ़िक्र अनजान रास्तों की अबसे मैंने,
पहचान हो गई राह भटकाने वालों की है मुझे।

तौबा कर ली मतलब परस्ती से जो पसरी चहुँओर,
दिल से खिलौना सा खेलना मंज़ूर नहीं है मुझे।

इश्क़ करना सीख लिया ज़िंदगी के सफ़र से,
टूटी, बिखरी, निखरी अब सम्भलना आ गया है मुझे।

आज का आदमी

आदमी, आदमी को समझता कहाँ है,

आदमी, आदमी को जानता कहाँ है।

खुदगर्ज़ी में मशरूफ़ हो गया इतना,

किसी की भी क़ीमत मानता कहाँ है।

खुद से ही फ़ुरसत नहीं है किसी को,

किसी के लिए वक़्त निकलता कहाँ है।

अहम, क्रोध, स्वार्थ में फँसा है इतना,

बिना मतलब के हाथ बढ़ाता कहाँ है।

ख़ुद ही उलझनों में उलझा है इतना,

दूसरों की उलझन सुलझाता कहाँ है।

अब तो पनपने लगी है शंकाएँ मन में,

भ्रम के जाल से निकल पाता कहाँ है।

आज फ़ुरसत के क्षणों में, आ गए कुछ लम्हें ज़हन में।

थे ख़ुशनुमा पर दर्द से थे सींचे हुए,
दर्द की ज़मीं पर हमने फूल थे उगाए।

यादों से महका लेती हूँ चमन अपना,
उन्हीं फूलों से करती हूँ श्रृंगार अपना।

ज़ख़्मों की धरा पर ही पनपे थे,
कुछ पराए कुछ अपने से बने थे।

 काश

न मन को यूँ टटोला होता

न लेखनी को हाथ में लिया होता

न प्रेम-प्यार से मन को बहलाया होता

न दुःख-दर्द को यूँ सरेआम बताया होता

न अभिव्यक्ति को कागज़ पर उकेरा होता

न पारदर्शी बनकर विचारों को बिखेरा होता

न अपनों के बीच यूँ ख़ुद को अकेला पाया होता

न परायों को अपना बना कर, अपनापन खोजा होता

न मन को यूँ व्यथित कर ख़ुद से ख़ुद को उलझाया होता

अब तो हो गया जो होना था

समाधान तो खोजना ही होगा

या तो लेखन को ही रोकना होगा

या यूँ हीं रोज़ ख़ुद से लड़ना होगा

अभिव्यक्ति

दिल का आईना है अभिव्यक्ति,

हृदय में होती जब उथल पुथल।

उठती हैं उद्गारों की तरंगें मचल,

जब बयां न हो पाए संवाद से।

अभिव्यक्ति में अंतर्द्वंद की झलक मिल ही जाती है।।

व्यवहार का प्रतिरूप है अभिव्यक्ति,

हृदय हो जोश से सराबोर हर पल।

बातें हों मन में उत्प्रेरक, प्रेरणादायक,

जीने की हो मन में बेपनाह ललक।

अभिव्यक्ति में ज़िंदादिली की झलक मिल ही जाती है।।

अनुगूँज भावों की गूजँ है अभिव्यक्ति,

मन में हो जब उल्लास और उमंग।

हृदय में हो संतुष्टता का प्रवाह,

नहीं हो जब दुनिया की परवाह।

अभिव्यक्ति में आनंद की झलक मिल ही जाती है।।

चरित्र की परछाई है अभिव्यक्ति,

मन के कोने में छिपा हुआ दुख।

विचारों से व्यथित मन है विषाक्त,

आँखें भी बयां ना कर पाएँ दिल का हाल।

अभिव्यक्ति में अवसाद की झलक मिल ही जाती है।।

शब्दों की पौध

नित बोयी जाती है शब्दों की पौध,
चीर कर वसुधा का कोमल सीना,
शब्द अपनी राह पकड़ लेते हैं।

विचारों से सिंचित होते निर्बाध,
व्यक्तित्व को प्रतिलक्षित करते,
वृक्ष की भाँति विकराल हो जाते हैं।

गुलदाऊदी, गुलमोहर या गुड़हल,
सफ़ेद, पीले, नीले गुलाबी या लाल,
शब्द वक़्त के गुलाम बन जाते हैं।

अभ्यस्त होते कान, करते चमत्कृत,
अनभिज्ञ होते दुष्प्रभाव या सुप्रभाव से,
कभी-कभी असमंजस में डाल देते हैं।

आदिकाल से अनंत काल तक,
जन्म-जन्मांतर शब्दों पर आधारित रिश्ते,
अप्रत्याशित नाटकीय संतुलन बनाते रह जाते हैं।

पनपते, पल्लवित और सवंरते,

कभी अंतरंग तो कभी निःस्पंद,

मोहब्बत को एक विस्तृत आस्मां दे देते हैं।

75

पहाड़ पर चढ़ते, कभी सागर में गोते मारते,

सदूर पगडंडी पर उतरते गर्मी और नर्मी सहते,

बेवजह, बेवजूद हो कर होंठों में सिल दिये जाते हैं।

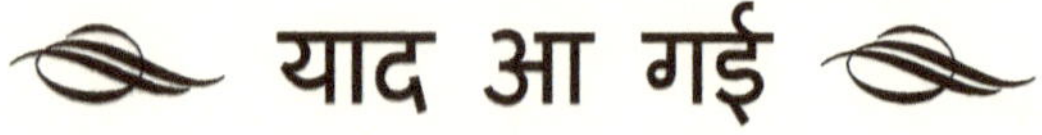# याद आ गई

याद आ गई फिर से दिल को पुरानी बात,
दर्द छलक आया आँखों से बन कर बरसात।

कर रहीं हैं हवाएँ भी चुपके से कुछ इशारा,
वो हैं समझ के भी न समझें हमारी छोटी सी बात।

जज़्बातों को दबाए रखा बंजर ज़मीं में,
हुई अंकुरित, दो बूँदें पड़ते ही, बन गई हमराज़।

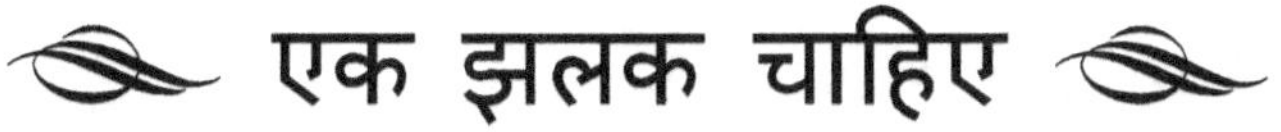

एक झलक चाहिए

आती है मुस्कान चेहरे पर बस एक झलक चाहिए,

तू बसा है दिल में दीदार भी होना चाहिए।

मुलाक़ात नहीं बात ही हो तुझसे,

हमें तेरा प्यार और साथ चाहिए।

मिलता है सुकून दिल को याद करके तुझे,

मर मिटे तेरी परवाह पर बस वही चाहिए।

न हो तो उदास कभी तू किसी बात पर,

तेरी हर चाहत पूरी बस यही चाहत चाहिए।

ज़िंदगी एक सफ़र है कट ही जाएगा,

बस हसीन हम सफ़र का साथ चाहिए।

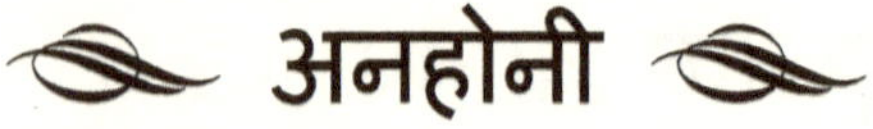

अनहोनी

कल वो गया आज ये गया,
कल हमारी बारी ही आनी है।

नहीं अब किसी से बढ़ानी प्रीत,
जाना ख़ुद से ही प्रीत निभानी है।

आज हुआ है स्फुटित एक भाव,
कल बनेगा बुलबुला जैसे पानी है।

प्रफुल्लित मन मनचाहा पाकर,
कल हो ही जाना सब बेमानी है।

उमड़ती बनकर बदली घनघोर,
कल धुआं बनकर उड़ जानी है।

समझ से बाहर होता सब संयोग,
बनती बस दर्द भरी एक कहानी है।

हर बार मन बंधुआ बन जाता,
क़िस्मत की लकीरें बन जानी है।

कैसे करे मन एतबार अनहोनी पर,
स्लेट पर लिखी इबारत हो जानी है।

कहाँ हो तुम

यहीं आस पास ही तो हो

आती है महकती हवा

छूकर तुमको

एहसास कराती तुम्हारे होने का

कहाँ गए हो दूर तुम

यहीं आस पास ही तो हो

याद आती

तुम्हारे शब्दों को छूकर

धड़कन बढ़ाती

साँसें थम जाती

तकती आंखें राह, पत्थर होकर

देखने को बस एक झलक

आँखों में बसे ख़्वाब की तरह

दूर कहाँ हो तुम

यहीं आस पास ही तो हो

ख़त्म न होता इंतज़ार

फिर भी रहता इंतज़ार

कभी तो

इंतज़ार का ख़त्म होगा इंतज़ार

है अपने प्यार पर विश्वास

कि तुम हो यहीं कहीं

क्योंकि यहीं आस पास ही तो हो

दूर न थे,

न हो

क्योंकि

हो तुम यहीं आस पास

फ़िज़ाओं में

बहारों में

गीत-संगीत में

अव्यक्त भाव में

मेरे अस्तित्व में

मेरी हस्ती में

मेरे वजूद में

मैं, ''मैं'' कहाँ रही

तुम ही तो हो

हमेशा

यहीं आस पास

 वक्त

वक़्त कुछ ज़्यादा ही, मुझसे आगे निकल गया,

लगता है, मेरी ही गति समय के साथ मद्धम हो गई।

विश्वास की बंधी, डोरी में उलझ गए एहसास,

लगता है, धड़कनों की आवाज़ कुछ कम हो गई।

खुशियों के ढेर पर, बनाए थे कागज़ी महल,

लगता है, ख़्वाहिशों की आँधी से धाराशायी हो गई।

बहुत किया समझौता, हमने भी ज़िंदगी से,

लगता है, ज़िंदगी हमें बड़े प्यार से ही धोखा दे गई।

चारों ही तरफ़ पसरी है, एक ही तरह की हवा,

लगता है, महकती ख़ुशबू से ज़िंदगी भ्रमित हो गई।

जली जो शमां, परवाने के प्यार में दिन रात,

लगता है, पिघलकर मोम की तरह बन्दगी में खो गई।

आरज़ू

इन्तज़ार की आरज़ू सी हो गयी है,
खामोशियों की आदत सी हो गई है।

हालात कह रहे हैं मुलाक़ात नहीं होगी अब,
मन ही मन उलझने की आदत सी हो गई है।

उम्मीद का दामन थाम इन्तज़ार है अभी भी,
राह तकते रहने की आदत सी हो गई है।

बात रुकी थी जहां वहीं थमी है अभी भी,
हर पल छले जाने की आदत सी हो गई है।

अंतर्द्वंद्व

मन का अंतर्द्वंद्व व्याकुल करता है,

मन की चाहत पाने को आतुर रहता है।

जब होता मन विचलित किसी मोड़ पर,

अंतर्मन मन ही मन रुदन करता है।

बेबस होता मन अनचाहे प्रश्नों से,

मुखमंडल की आभा खो निस्तेज हो जाता है।

नेत्र अश्रुपूरित, हृदय कुमला कर अंतर्द्वंद से,

मन दिग्भ्रमित हो उर उद्वेलित हो जाता है।

घिर कर अवसाद से अन्त:करण बेचैन होकर,

अंतर्मन ख़ुद से ही है उलझकर जूझता रहता है।

नहीं चाहता मन समझौता करना हालात से,

दिल के एक कोने में यह व्यथा अंतहीन पाता है।

जब निकल नहीं पाता अंतर्द्वंद के भँवर से,

भीतर का कोलाहल मन को अशांत करता है।

मिले कोई ऐसा मित्र, हो केवल मैत्रीभाव लिए

अंतर्द्वंद को दे दिशा, जो क्रंदन, दिशाहीनता है।

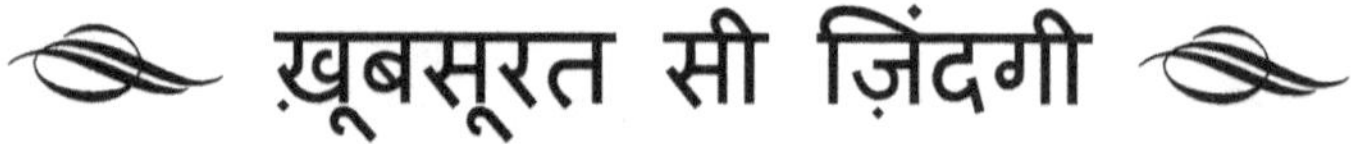

ख़ूबसूरत सी ज़िंदगी

ज़िंदगी तो है ही बहुत ख़ूबसूरत,

बस देखने का नज़रिया ही ख़ूबसूरत होना चाहिए।

थोड़ा सा सकारात्मकता से भरा हो दृष्टिकोण,

उत्साह, जोश और उमंग जीवन में होना चाहिए।

मुश्किलों से न हार मानकर करके मुक़ाबला,

समाधान ढूंढकर हर पल ख़ूबसूरत बना लेना चाहिए।

बांटकर प्यार, मोहब्बत और सौहार्द दुनिया में,

हर रिश्ते को अपनाकर सम्मान देना और लेना चाहिए।

माना कि क़दम क़दम पर कई रंग दिखाती है ज़िंदगी,

हर रगं को सुनियोजित कर ज़िंदगी इन्द्रधनुषी सी बना लेनी चाहिए।

धैर्य, सहनशीलता, नम्रता, सरलता और सौम्यता अपनाकर,

जीवन के सफ़र में विश्वसनीय साथी भी बना लेने चाहिए।

लेकर भौर से ऊर्जा, निशा से आशावादिता नई सुबह होने की,

ज़िंदगी की ख़ूबसूरती को प्रकृति से प्रेरित हो बढ़ा लेना चाहिए।

हर आत्मा में, ज़र्रे-ज़र्रे, पात-पात में परम सत्ता का अनुभव कर,

उस परमपिता परमात्मा से जोड़ नाता, ज़िंदगी को ख़ूबसूरत बना लेना चाहिए।

शिद्दत

बहुत जी ली मैं तुम्हारे साथ,
अब जीने भी दो मुझे मेरे साथ।

ये तारों भरी रात भी कह रही है,
कर लो मुझसे कुछ दिल की बात।

तुम्हारी पुकार का इंतज़ार रहता हर पल,
चंद लम्हों में ही सिमटते न होता कोई हल।

कहाँ हुआ कभी असर मेरी बातों का,
बस गया दर्द प्यार भरी मुलाक़ातों का।

ये बेमेल सी ज़िंदगी भागती दो पटरियों पर,
वितृष्णा से कठघरे में खड़ा करती ज़िंदगी भर।

करके निष्क्रिय ले आती विरक्ति की सीमा तक,
संघर्षरत रह लड़ता रहता संजोकर अपना केवल हक़।

अलगाव के अंतराल में होती जब शिद्दत से स्वीकारोक्ति,
भयमुक्त हो साधिकार होती फिर पूर्ण अभिव्यक्ति।

है मुझे इंतज़ार

इंतज़ार है मुझे उस दिन का

जब प्रकृति की हर शय मुझसे आकर कहेगी

आ तुझे सँवार दूँ......

फूल मुझसे कहेंगे, आ महकना सिखा दूँ

काँटों की सेज पर भी, खिलना सिखा दूँ

किसी के गले का हार बन, ख़ुशी में शामिल हो,

बालों में सज कर, प्यार का इज़हार करना सिखा दूँ

आ तुझे सवार दूँ........

नदियाँ करेंगी इशारा, मुझसे बल खाती हुई

मस्ती से इठलाती हुई कहे, मुश्किलें पार करना सिखा दूँ,

पूर्ण समर्पण कर अपना, समंदर में समाना सिखा दूँ

आ तुझे सवार दूँ.....

चाँद की चाँदनी कहे, आ गले लगा लूँ,

नहलाकर चाँदनी से तन मन शीतल कर दूँ,

युगों युगों की प्यास की प्यास बुझा दूँ।

आ तुझे सवार दूँ.....

परिंदें आकर कहें चुपके से कान में,

ले पंख, उड जा, उड़ने की हिम्मत दे दूँ,

छू ले आसमाँ, कर ले पूरे अपने दिल के अरमाँ,

आ तुझे मुक्त विचरण के लिए अपना सा कर दूँ।

कहे प्रकृति की हर शय मुझसे

आकर तुझे सवार दूँ...

हाँ इंतज़ार है मुझे।

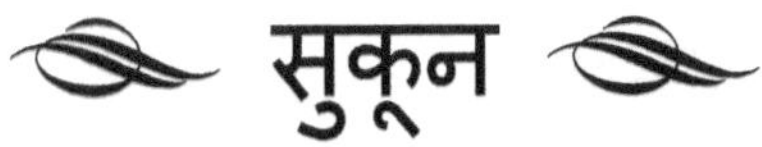 # सुकून

ज़िन्दगी तुझ संग चल तो पड़ी थी मैं,

तुझ संग कदम से कदम मिला तो रही थी मैं।

क्यूँ कर दी रफ़्तार तेज़ एकदम तूने,

कुछ तो किया होता मेरी उम्र का लिहाज़ तूने।

समझ कर मेरी भावनाओं को प्यार करती,

यूँ न मेरे आदर्शों का मज़ाक़ बना तार-तार करती।

अब क्या होगा अगला दर्दनाक वार तेरा,

तू ही दिखाएगी कोई रास्ता या फ़ैसला होगा मेरा।

सुकून- मंज़िल तो बस एक ही है आख़िरी,

बहुत थकाया तूने बस अब सुखद-आराम की है बारी।

 # प्रेम पंख

यादों में गहरे बस गए वो दिन,

जब दिए हमें किसी ने प्रेम पंख उधार एक दिन।

हैरत हुई, झिझक भी, पर लगा लिए पंख हमने

बुने ख़्वाब खुले आकाश के हमने भी एक दिन।

लगा कर पंख बढ़ा ली दोस्ती हमने आसमान से,

रहने लगा इंतज़ार उड़ने का उस संग, हर दिन।

मन पुलकित, हर्षित उड़ चला उमंगित होकर,

बेपनाह प्यार का अहसास हो गया एक दिन।

बना यह सिलसिला, न रुकने वाली होती तकरार,

तड़प, बेचैनी, छू लेने को आसमान एक दिन।

धीरे-धीरे समझते समझाते, हो गया समझौता,

ख़ुश रहने का मूल मंत्र बता गया वो एक दिन।

बात मुलाक़ात नहीं पर, मिलने जैसा ही हो जाता है,

प्रेम पंख मिलने पर आत्मिक मिलन हुआ एक दिन।

हुआ सहज सा जीवन, उड़ती रहती पंख लगाकर मैं,

एक सच्चा मीत मिला मुझे, छू लिया आसमाँ एक दिन।

दिल को छू गया तेरा ख़फ़ा होना

आज छू गया दिल को तेरा यूँ ख़फ़ा होना,
उदासी के भँवर से निकाल कर फिर मना भी लेना।

सही कहा था तुमने दीवानी हो तुम,
मन को भा गया तेरा प्यार से बुला लेना।

सहज नहीं रह पाती मैं ग़म और तन्हाई में,
तुम्हारे प्यार की ही ताक़त है मेरा मुस्कुरा लेना।

रहता है इन्तज़ार पल भर की मुलाक़ात का,
बात करने के लिए हर वक़्त कोई बहाना बना लेना।

होने लगा है इश्क़ और रश्क मुझे ज़िंदगी से,
प्यार के गीत मेरे संग तुम भी गुनगुना लेना।

बना कर अपना तुमने मुझको दिला दिया अहसास,
आत्मिक प्यार का उम्र से नहीं कुछ लेना देना।

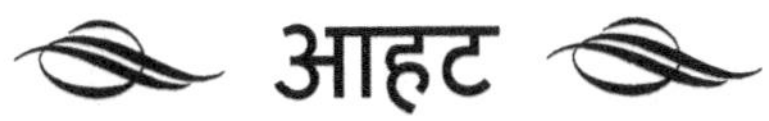# आहट

हुई आहट

ज़रा सी

लगा तुम आए

दिल ने भी कहा कि तुम आए

हाँ तुम भी आए होगे

ख़ुशबू भी महका गई मन को

एहसास बता रहा था

तुम्हारे अलावा कौन होगा

दिल धड़कने लगा ज़ोर से

नहीं था मन क़ाबू में

तुम्हारे आने का संकेत ही तो था

पर नहीं

केवल भ्रम था मेरा

तुम कैसे आओगे

बंधे हो बंधनों में

घिरे हो हालातों में

उलझे हो उलझनों में

चाहकर भी न आ पाओगे

पर रहेगा इंतज़ार

हर आहट पर

नहीं

हर मौन पर भी

क्योंकि

मौन की गूंज

बहुत तेज होती है

इसे आदत कहूँ या बेपनाह मोहब्बत,

तेरे नाम का हर लफ़ज हम मुस्कुराकर लिखते हैं

समझना तो है बस इतना ही,

जिसे हम याद करते हैं क्या उन्हें याद भी आते हैं।

यूँ तो ना जाते

जाना तो था छोड़कर तुम्हें एक दिन,

दोषी ठहराकर अफ़साना तो न बनाते।

फसां रहा सदा मन एक अंतर्द्वंद में,

भँवर में फँसाकर अफ़साना तो न बनाते।

इंतज़ार रहा सदा तुम्हारी एक झलक का,

दीदार करा, छोड़कर अफ़साना तो न बनाते।

एक अनुबंध रहा सदा तुम्हारी मोहब्बत में,

बंधनों में बांधकर अफ़साना तो न बनाते।

विश्वास तो लिया था तुम पर,

मज़ाक बनाकर अफ़साना तो न बनाते।

हमने एक क़दम पीछे क्या हटाया.

बहाना बनाकर अफ़साना तो न बनाते।

प्यार करते हो
पर बताते नहीं

प्यार करते हो मगर बताते नहीं,
चाहते तो हो मगर जताते नहीं।

एक क़दम आगे बढ़ाकर तो देखो,
हम भी क़दम बढ़ा पीछे हटाते नहीं।

हमारी हर धड़कन में बसे हो तुम,
यूँ ही तो हर साँस में समाते नहीं।

तुम्हें पाना जुनून हो गया हमारा,
वरना हर जनम में तुम्हें माँगते नहीं।

बसा लो मेरी आँखों में ही दुनिया,
बसा नैनों में दुनिया से छिपाते नहीं।

तुम्हारी जान में अटकी है मेरी जान,
वरना जान पर जान ऐसे लुटाते नहीं।

देखे बिना न होती सुबह सुनहरी,
दीदार करने को सपने में बुलाते नहीं।

कर लिया तुम्हें हर दर्द में शामिल,
हर किसी को अपना दर्द दिखाते नहीं।

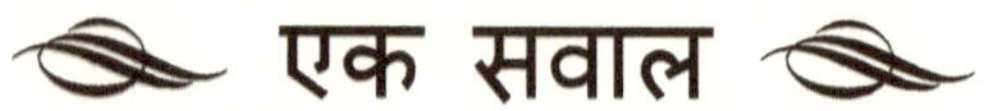# एक सवाल

अटक जाती है

साँस वहीं पर

रुक जाता है

लम्हा वहीं पर

पग नहीं बढ़ना चाहते

एक क़दम भी आगे

जब पड़ते हैं पुराने पदचिन्हों पर

वहीं हूँ मैं खड़ी अब तक

न कुछ बदला है

न बदलेगा

बदलती हैं तारीखें

हर नए दिन पर

क्या कभी हालात भी

बदल पाएंगे

कहना और करना

आसान होता अगर इतना

तो इंसान वश में न होता हालात के

तुमने बहुत कहा

मैंने भी बहुत सुना

पर मन कहाँ

सुनता है

मेरी बात

छोड़ जाऊँगी तुम्हारे लिए

बस एक सवालिया निशान

काश

यह संयोग न होता

न तुम होते

न मैं होती

न ही ये सवाल होते

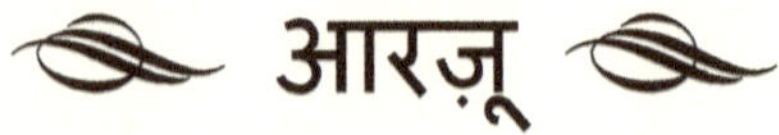

आरज़ू

इतंज़ार की आरज़ू सी हो गई है,
ख़ामोशियों की आदत सी हो गई है।

हालात कह रहे हैं बात नहीं होगी अब,
मन ही मन में उलझने की आदत सी हो गई है।

उम्मीद का दामन थाम इंतज़ार है अभी भी,
राह तकते रहने की तो अब आदत सी हो गई है।

बात जहां पर रुकी थी वहीं पर थम गई,
अब तो हर पल छले जाने की आदत सी हो गई है।

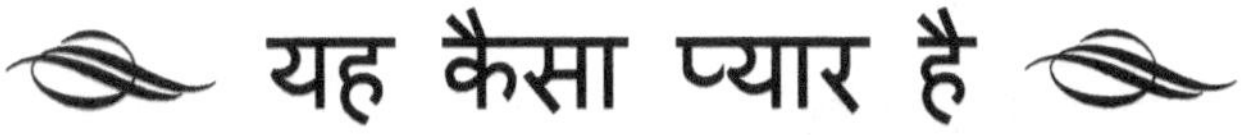 यह कैसा प्यार है

करती रहती हूँ तुम से बातें हर पल,

कभी मनुहार तो कभी तकरार,

कभी मनाती कभी रूठ जाती,

तुम भी तो कुछ कहो ना।

करती तुमसे शिकवे हज़ार,

कभी आता तुम पर बेपनाह प्यार,

कभी लिखती तुम पर अशयार,

तुम भी तो कुछ लिखो न

तरसती आखें करने को दीदार,

करती रहती मिन्नते मैं बारम्बार,

अधखुली आँखों से देखती सपने रात भर,

तुम भी सपने में आकर मिलो न

कैसा है ये तुम्हारा प्यार,

रहता हर पल तुम्हारा इंतज़ार,

कभी तुम भी तो कर दो इकरार,

हाँ तुम्हें भी है हम से प्यार,

या फिर कर दो इनकार,

नहीं था तुम्हें हम से कभी प्यार।

तुम भी एक बार आकर मिलो न

देखकर तुम्हारी आँखों में,

हम भी जान ही लेंगे,

तुम्हारे दिल की हर बात,

फिर कैसे करोगे इनकार,

जानती हूँ अभी भी है तुम्हें हम से प्यार।

बस एक बार तुम भी कह दो न

तुम्हें भी था कभी हमसे प्यार।

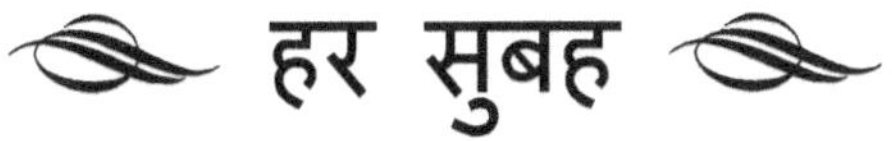

हर सुबह

हर सुबह लाती उम्मीद अपने साथ,

जाती शाम दे जाती तन्हा सी एक रात।

शाम होते ही दिल होता कुछ उदास,

सपनों के सिवाय न होता कोई पास।

यादों में बसे अब हालात इस तरह,

यादों का हर लम्हा बन जाता कुछ ख़ास।

दबे पाँव आती शाम कुछ इस तरह चुपचाप,

कब ढलती, हाथों से फिसलती गमगीन शाम।

छिपा दर्द फैल जाता है सिंदूरी सा बन कर,

होती अधूरी हर शाम रही अधूरी सी हर रात।

मेरी खिड़की पर शाम जब उतर आती है,

एक नन्ही सी किरण जगाती सीने में तड़प।

रहता है इंतज़ार चाँद के दीदार का रात भर,

चाँद भी आता है लेकर साथ तारों की बारात।

यह ढलती शाम दे जाती एक रोज़ एक पैग़ाम,

एक पन्ना और कम हुआ ज़िंदगी सी किताब।

भीगी हुई शाम की दहलीज़ पर पैर रखा है,

संगम है ढलती शाम और मधुशाला सी रात

रुको ......

शाम भी हो जाती है सुहानी

जब .....

स्वर्णिम किरणों संग सूरज समंदर में समा जाता है,

मंदिर की घंटियों में जब प्रार्थना का स्वर गूंजता है,

सपनों में भी जब हसीन हमसफ़र का दीदार होता है,

ढलती शाम में प्यार का खुमार विश्वास में बदलता है,

तब ढलती शाम तन्हाई नहीं, रूमानी और रूहानी हो जाती है।

हर रिश्ते का होता है अपना महत्व

हर रिश्ते का होता है महत्व ज़िंदगी में,
धड़कता है दिल प्यार पाकर ज़िंदगी में।

साँसों का आना जाना ही नहीं है ज़िंदा होना,
सच्चे प्यार से साँस में साँस आती है ज़िंदगी में।

ख़्वाहिशों तो नहीं बड़ी बड़ी छोटे से दिल में,
बस इतना अरमान कुछ तो सुकून मिले ज़िंदगी में।

मुहब्बत में नहीं है फ़र्क जीने और मरने में,
है जीना साथ जिस पर दम निकले ज़िंदगी में।

जिसके एहसास से जीने की आस बढ़ जाए,
उसकी परवाह से तो रवानी आ जाए ज़िंदगी में।

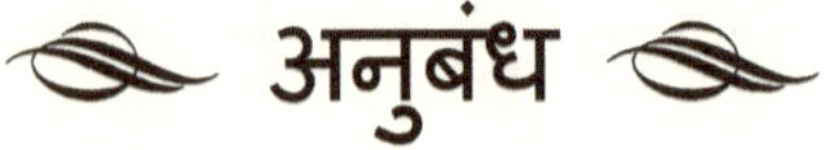 अनुबंध

लिखने चली थी कुछ अफ़साने,

गुनगुनाने लगी गीत नए पुराने।

आया जो तेरा नाम हर बार रुकी,

तुम आज भी हो बीती बात नहीं हुई।

क़दम क़दम पर तेरे निशान मिले हैं,

नहीं है अब तक तेज बहाव से मिटे हैं।

पुख़्ता हुए अनुबंध जो किए गए,

गुंजाइश कहाँ प्रत्युत्तर की जो प्रश्न दिए गए।

कल्पना लोक में विचरण न भाया कभी,

किलोल करती लहरों ने भरमाया अभी।

काँपती मोमबत्ती की लौ ने गुज़ारिश की,

अवमानना तुम प्यार की न करना कभी।

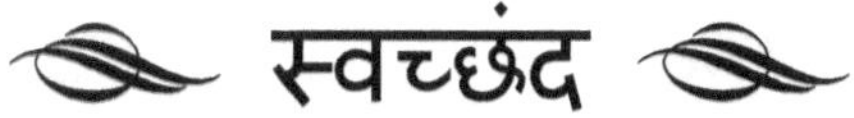

स्वच्छंद

खुलकर स्वच्छंद होने में कितना मरना पड़ता है।

अपनी ख़ुशी शर्तों पर जीने के लिए,
अहसासों को मार कर जीना पड़ता है।

ज़िंदगी बाँध दी जाती है अनुबंधनों में,
न चाहकर भी ख़ुद से बँधना पड़ता है।

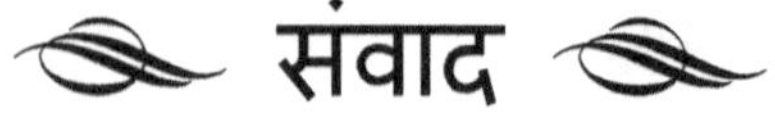

संवाद

ख़ामोशी को न, दिल में जगह बनाने दीजिए,
दिल अनकही बातों से, न भारी होने दीजिए।

कर के बयां दिल के हालात सम्पूर्ण संवाद से,
चुप्पी को हमेशा आदत न बन जाने दीजिए।

खोल देते हैं दिल के दरवाज़े सार्थक संवाद,
बंद करके खिड़कियां घुटन न होने दीजिए।

छलक जाते हैं आँसू दर्द में अक्सर आँख से,
न बनने दो कसक इनहे दर्द बन बहने दीजिए।

नहीं है मसला तन्हाई हमेशा सकून पाने का,
मुहब्बत में हाले दिल खोलकर बतलाने दीजिए।

बिन कहे आँखों ही आँखों मेरी बातें समझ कर,
संवाद कर के प्यार की बौछार हो जाने दीजिए।

माना कि मौन भी है प्यार का एक प्यारा तरीक़ा,
इंतज़ार को प्यार की सजा न बन जाने दीजिए।

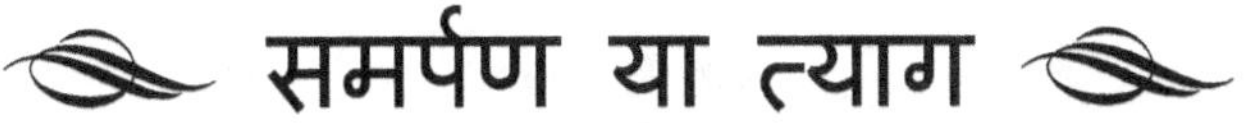

समर्पण या त्याग

अरमान था दूर तक साथ चलेंगे,
तेरे हमकदम बन कर साथ चलेंगे।

चाहा था ज़िंदगी भर साथ निभाना,
न जाने तुम बिन अब हम कैसे रहेंगें।

सीखा तुमसे ज़िंदगी को प्यार करना,
हर पल अब इस घुटन में कैसे जिएँगे।

याद आता है तुम्हारा परवाह करना,
अरमान रहेगा अब हमदर्द न बन सकेंगे।

प्यार समर्पण है या त्याग तुम जानो,
सपनों की होली जलाकर कैसे जिएँगे।

तुम हाँ कहो तो

तुम हाँ, कहो तो....

सारे जज़्बात कर दूँ तुम्हारे नाम

ख़ुशी का हर क्षणांश,

लेखनी का हर पद्यांश,

सिमटते से सारे अहसास, कर दूँ तुम्हारे नाम

तुम हाँ, कहो तो......

अरुणोदय की रश्मियाँ

दूर्वा पर चमकती शबनम की बूँदें

सीली समीरण का अहसास, कर दूँ तुम्हारे नाम

तुम हाँ, कहो तो.......

ढलते सूरज की वो लालिमा,

क्षितिज पर अंबर धरा का मिलन,

दूरगामी सुख का अहसास, कर दूँ तुम्हारे नाम

तुम हाँ, कहो तो.....

उर्मियों का उछलकर मचलना,

शांत रत्नाकर को उद्वेलित करना,

मौज में रहने का अहसास, कर दूँ तुम्हारे नाम

तुम हाँ, कहो तो......

विभावरी में तारों से बातें करना,

चाँद का निर्भीक होकर निहारना,

छलकते प्यार का एहसास, कर दूँ तुम्हारे नाम

तुम हाँ, कहो तो...

धड़कते हृदय का स्पंदन,

साँसों का संगीत मध्यम,

तुम्हारे होने का अहसास, कर दूँ तुम्हारे नाम

तुम हाँ, कहो तो.....

सर्द रातों की सिरहन,

लंबी रातों की बिरहन,

तप्त अंगार का अहसास, कर दूँ तुम्हारे नाम

तुम हाँ, कहो तो........

फँस कर रह जाता है

मन जज़्बातों में फँस कर रह जाता है,
यक़ीन ख़ुद पर कर बस हँस कर रह जाता है।

जो कहना चाहे कहाँ कह पाता है,
संकरी गली में फँस कर रह जाता है।

बनावटी सी स्वीकृत होती मुलाक़ातें,
कृत्रिम मुस्कानों की वाटिका में फँस कर रह जाता है।

मैं, मेरा और फिर मैं से ही होता सलाम,
चेहरे के बदलते भावों में फँस कर रह जाता है।

थकते नहीं लोग झूठी तारीफों के प्रमाद में,
कल्पतरु की कल्पना में फंसकर रह जाता है।

मन्दाकिनी सी बहती मरुस्थल में सदा,
सुधाकर के प्रतिबिंब में फंसकर रह जाता है।

अजीब है ज़िंदगी

ये ज़िंदगी भी अजीब है

जहाँ कहीं ख़ुशी मिली

बस झटक देती है

कोई ख़्वाब हो जैसे

ख़्वाब टूटा

फिर वही, घिसी पिटी, सी ज़िन्दगी

जिसमें न हक़, ख़्वाब देखने का

ख़्वाब बुनने का, ख्वाबों के साथ उडने का

नहीं है तुम्हें ख़ुश होने का

नहीं कोई तुम्हारा वजूद

केवल एक ढोंग, स्वतंत्र होने का

कब तक कोई ढोए

ज़िंदगी

बिना सपनों के, बिना वजूद के

एक भ्रम साथ

कि ज़िंदगी पर, केवल तुम्हारा

केवल तुम्हारा हक़ है

तुम्हारे फ़ैसले हैं, केवल तुम्हारे

तुम्हारे फ़ैसलों पर

केवल तुम्हारा ही हक है

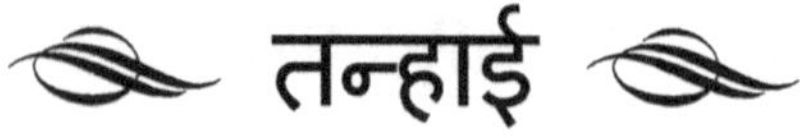

तन्हाई

हाँ!! मुझे तन्हाई बहुत पसंद है,
मुझे तन्हाई उदास नहीं करती तगं है।

तनहाई ले जाती है मुझे पल भर में,
जहाँ बचपन की प्यारी यादें बसती हैं।

जहाँ बेफिक्री, खिलखिलाते सपने,
कल्पनाएं जहाँ पर पुष्पित होती है।

खोकर माँ की प्यारी लाड भरी गोद में,
पिता से आत्मविश्वास की शिक्षा मिलती है।

कभी खो जाती हूँ प्यारे मित्रों की भीड़ में,
बेवजह हँसना-रोना मित्रों संग पूरी मस्ती होती है।

अध्यापकों का मार्गदर्शन, कभी डाँट फटकार,
पर उनका विश्वास जीतने की होड़ होती है।

यूँ ही जब कभी पहुँच जाती हूँ उदासी गली में,
वहाँ केवल जिम्मेवारियों की फ़रियाद होती है।

पर निकल आती हूँ मैं अपनी क़लम लेकर साथ,
तब ही ख़ुद से ख़ुद की सुखद मुलाक़ात होती है।

बचपन का इश्क़

निर्मलता से सींचा हुआ

पावनता से भरा हुआ

पवित्रता से बहता हुआ

सरलता से रोपा हुआ

मासूमियत से पनपता हुआ

रात की रानी सा महकता है

बचपन के साथी.....

एक दूसरे के साथ आनंदित होते हुए

निः स्वार्थ एक दूसरे को पसंद करते हुए

एक दूसरे का दुख सुख बाँटते हुए

एक दूसरे के साथ समय बिताते हुए

अनमोल बचपन को सुनहरा करते हुए

बचपन को सहजता से एक दूसरे के लिए जीते हुए

एक दूसरे के साथ हँसी ठिठोली करते हुए

एक दूसरे के साथ गुनगुनाते हुए

एक दूसरे के साथ शरारत भरी ज़िंदगी जीते हुए

बना लेते हैं अपने बचपन को अविस्मरणीय

 प्रतीक्षा

तुम्हारे चिर प्रतीक्षित प्रेम में,

प्रज्वलित की दीपमालाएँ मैंने।

वैरागिनी बन आंसुओं से प्यार कर,

पहन ली संतप्त विरह की बेड़ियाँ मैंने

सतरंगी चूड़िया पहनकर हाथों में,

लिखे प्रेम की भाषा में विरह के गीत मैंने।

तुम्हारे अंतहीन इंतज़ार का,

दर्द दिल में छिपाया ज़माने से मैंने।

बंद है तुम्हारे हृदय के कपाट,

चुपके से दस्तक तो दी थी मैंने।

दरवाज़े की ओट में खड़ी रही मौन,

तुम्हारे प्रेम की निरन्तर प्रतीक्षा की मैंने।

बातें कुछ शेष है

बातें कुछ शेष हैं, अनकही कई अधूरी सी,
ज़ुबान पर आते-आते देती मौन कभी-कभी।

ना कह पाते कभी कुछ अनजाने डर से,
मर्यादा के दायरे में भी रहते है कभी-कभी।

मन के भीतर ही मचाती रहती कोलाहल,
निकल नहीं पाती ज़हन से शब्द बन कभी-कभी।

होता मन में अंतर्द्वंद सामाजिक दायित्वों का,
जानते हुए भी ना होता समाधान कभी-कभी।

चाहता मन उड़ना तितलियों संग, यहाँ-वहाँ,
मन में बच्चों सा ज़िद्दी पन आता है कभी -कभी।

बच्चों सी मासूमियत, जवानी की रूमानियत,
ज़िंदगी की ख्वाहिशें रह जाती अधूरी कभी-कभी।
क्योंकि......
बातें कुछ शेष हैं।

नादान दिल

नादान दिल फिर से बिखर जाएगा,
फिर एक संदेश तेरे शहर जाएगा।

रुसवाई से मिलता है बहुत दर्द,
बेगुनाही में ही सब गुज़र जाएगा।

तल्ख़ी से तो बात बिगड़ जाती,
अनुरक्ति से सब निखर जाएगा।

जब बात से बात सुलझ जाती,
चाँद भी आसमा में ठहर जाएगा।

सुन लेने का रहमोकरम जो होता,
दबाने से न रिश्ता सुधर जाएगा।

मुड़कर अगर निहारा जो होता,
नैन मिलने से सब सवंर जाएगा।

वक़्त का मंजर धुआँ जो न होता,
मन इल्ज़ाम में ही बिफर जाएगा।

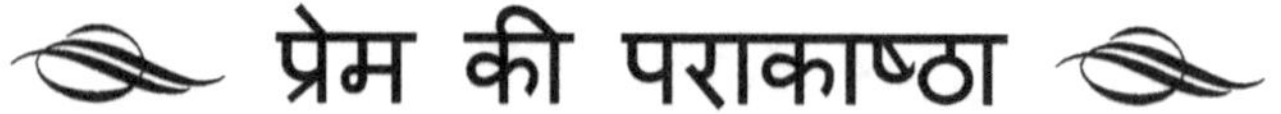

प्रेम की पराकाष्ठा

प्रेम आत्मा से प्रस्फुटित होता है,

परम सौंदर्य से आभासित होता है।

दिव्य वरदान मिलता है उसको,

प्रेम के अमृतरस से आप्लावित होता है।

मिलती शीतलता समीर सी,

प्रेम चेतना से विकसित होता है।

प्रेम चैतन्य की चरम परिणति है,

उठती लहरें भावनाओं में समा जाता है।

प्रेम पावन पुलकन का स्पर्श हो कर,

महाभाव सा प्रेम देहातीत प्रतीत होता है।

मन की पृष्ठभूमि में वैचारिक मिलन होकर,

प्रेम हृदय की रागनी बन गहराई में बसता है।

सजल संवेदनाओं में गूंजायमान होकर,

प्रेम श्रद्धा सिक्त भावनाओ में ही पलता है

प्रेम दिव्य नाद सा अनुभव ग़म्य होकर,

राधा कृष्ण रामकृष्ण परमहंस होता है।

प्रेमावतरित मानव पा लेते पराकाष्ठा,

प्रेम की प्राप्ति में ही जीवन की सार्थकता है।

प्रेम ममता भाव की धरोहर बन कर,

प्रेम पा कर जड़ भी चैतन्य हो उठता है।

प्रेम में प्रेममय होना ही प्रेम की सहज अभिव्यक्ति है,

निर्मल अश्रु धार ही प्रेम की अंतिम सरल आसक्ति है।

 # थकन

छा जाती है थकन मनचाहा न होने से,
होता है मन निराश सपने टूट जाने से।

तेरे मन को कोई क्या जान पाएगा,
नहीं होगा कोई अंतर मात्र कह देने से।

दो घड़ी आकर तुम पास क्या आ बैठे,
होता है मन केवल भ्रमित तुम्हारी याद आने से।

फैलाया था आँचल देने को ठंडी छाँव,
विरह की अगन नहीं होगी कम छुप जाने से।

गोद में रखकर सर रोए भी बहुत हम,
दर्द कम न होगा दीदार सपने में होने से।

सुनहरी सुरमई शाम का इशारा तो हो गया,
आच्छादित तम, तन मन पर दिनकर के ढलने से।

उम्मीद की एक किरण अभी भी बाक़ी है,
फिर ज़िंदगी खिलखिलाएगी स्वर्णिम भोर होने से।

❧ तुम चाहो तो ❧

तुम चाहो

तो चले आना

मैं वहीं मिलूँगी

नदी के किनारे

पीपल की छांव तले

यादों में खोई

राह निहारती

भावशून्य, निःशब्द,

निर्मेष, निर्विकार, निर्विरोध

भावोन्मेश, अनिमेष

पर

अव्यक्त सी

संजोती सूखे पत्ते

जो थे कभी हरे,

पेड से जुड़े

सहलाती थी जिनको हवा

सूरज की पहली किरण

से चमक जाते थे

ओस की नमी

से श्रृंगारित होते थे

सरसराहट से

जीवंतता का एहसास होता था

अब क़दम बढ़ाते ही

अतीत से सूखे पत्तों

पर पैर पड़ते ही

सुनाई देती है

कुछ कर्कश सी

ध्वनि

कह रही है तुम से

जीवन की अनकही कहानी

मौन व्यथा

जो कह न पाई

हाँ

कर रही हूँ इंतज़ार

करती रहूंगी सदियों तक

उसी पेड़ के तले, ठंडी छांव में।

आत्म कथा

सुना है तुम लिख रहे हो जल्द आत्मकथा।
प्रिय सुन लो तुम, मेरी भी थोड़ी सी व्यथा ।।

उसमें होंगे क़िस्से तुम्हारे अपनों के हज़ार।
होंगी अनेकों चर्चा, होंगे उसमें किरदार बेशुमार।।

प्यार, मोहब्बत, नफ़रत के भी क़िस्से होंगे।
मुलाक़ातों के अविस्मरणीय अवसर भी होंगें।।

ज़िक्र होगा तीखी नोकझोंक का भी ।
गिले शिकवे और मनमुटाव का भी।।

होगीं अनेकों शिकायतें तुम्हें ज़िंदगी से।
होगा ख़ुशनुमा मौसम भीगी बरसात से ।।

समय की चाल का भी उसमें ज़िक्र होगा।
क़िस्मत के विभिन्न रंगों का भी रंग होगा।।

बस हमारी तो इतनी सी है कर बद्ध प्रार्थना।

उसमें हमारा कहीं थोड़ा सा ही ज़िक्र कर लेना।।

हमारा हर किरदार हिस्सा है तुम्हारी कहानी का।

तुम्हारे ही नाम कर दिया हर क्षण ज़िंदगानी का।।

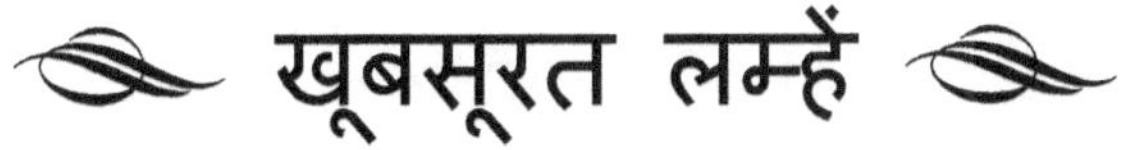

खूबसूरत लम्हें

हर खूबसूरत लम्हें को सम्भाल रखा है,
ज़िन्दगी जीने के लिए बहाना बना रखा है।

समझ जाते हैं वो अब अनकही बात,
दिल में प्यार का घरौंदा बना रखा है।

यह जो मुस्कान है मेरे चेहरे पर आज तलक,
मेरी हर चाहत को उसने अपना बना रखा है।

ज़िम्मेदारियों का बोझ तो बहुत था मगर,
हर ज़िम्मेदारी को उसने प्यार से बाँट रखा है।

झांक लिया जो दिल के झरोखे से मैंने,
सदा काँटों में गुलाब को महका रखा है।

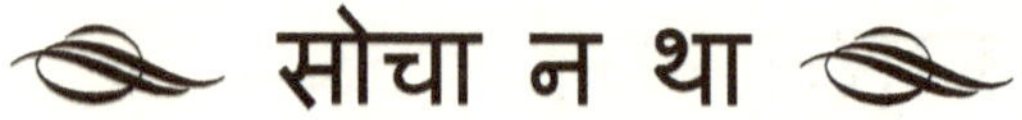# सोचा न था

है कैसा संयोग मिलन के बाद वियोग है,

हर रात विरह की बन जाएगी सोचा न था।

न पास हो कर भी तुम आस पास रहोगे,

हर क्षण तुम्हारा अहसास रहेगा सोचा न था।

हर साँस के साथ होगा तुम्हारा ख़्याल,

हर साँस तुम्हारी अमानत बन जाएगी सोचा न था।

कुछ हट कर करने की ज़िद थी मन में,

पर इस तरह से कर गुजरेगें सोचा न था।

मौन बनेगें शब्द शायरी में ढल कर,

इस तरह निखर जाएँगें सोचा न था।

लिखते लिखते मुहब्बत पर इस तरह,

खुद ग़ज़लों में ढल जाऊँगी सोचा न था।

चलो होते हैं

चलो होते हैं

कुछ

संयमित

कुछ

अनुशासित

कुछ

परिभाषित

कुछ

नियमित

कुछ

असीमित

कुछ

मुखरित

कुछ

अव्यक्त

तो क्या हो जाएंगे हम

संपूर्ण

पा लेंगे लक्ष्य

या

फिर भी

चाह रह जाएगी

कुछ

और

होने की

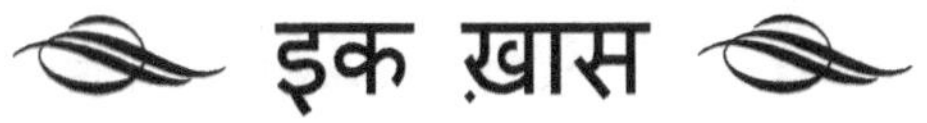 इक ख़ास

ज़िन्दगी के लिए इक ख़ास सलीका रखना,

अपनी उम्मीद को हर हाल में ज़िंदा रखना।

क्या पता, राख में ही हो दबी कोई चिन्गारी,

जल्दबाज़ी में न कभी कहीं कोई पाँव रखना।

वक्त अच्छा हो तो बनते हैं बहुत से साथी,

वक्त मुश्किल हो तो ख़ुद पर भरोसा रखना।

आया जो वो एक दिन

वो जो आया अचानक ज़िंदगी में एक दिन,

दे गया बहुत असहनीय ज़ख़्म हर दिन।

न भाता था कुछ भी उसके बिना एक भी दिन,

न भाता था उसका साथ होना किसी भी दिन।

न लुभाता था करीब होना उसका,

न सहन होता था दूर जाना उसका।

अचानक ये क्या हुआ एक दिन,

लगने लगा मन के क़रीब उस दिन।

शुद्ध अंतर्मन सात्विक भाव लिए,

मन में था प्यार का अंबार लिए।

न है वो दूर न है अब वो पास,

है केवल रूह में समाने का एहसास।

उलझी सी ज़िंदगी

उलझी सी है ज़िंदगी

है ज़िंदगी

पाने और खोने के बीच

जो पा लिया है

उसे खोने का डर

जो नहीं पा सके

उसे पाने की चाहत

होने और संभावना के बीच

जो हो रहा है

उसे खोने का डर

जो होने की संभावना है

उसके होने की चाहत

ज़िंदगी भर

क्या यूँ ही भागते रहेंगे

खोने और पाने के बीच

कि पा लेंगे वो सब

जिसे पाने की चाहत

रही उम्र भर

कुछ श्वास उधार

तुम्हीं बताओ

कैसे भूल सकती हूँ

तुम्हारा एहसास

तुम रहते हो

सदा आस पास

स्वप्न में भी

बुलाते बनकर ख़ास

वो मुलाक़ात

थी जो ख़ास

बदल दी जिसने ज़िंदगी

अनायास

हुई प्यार की बौछार

मिली सौग़ात

अविस्मरणीय

करा दिया आभास

नहीं है अब मंज़िल दूर

जर्जर हुए विचार

क्षीण काया

कोई न समझ पाया

खोया आत्मविश्वास

जीने की नहीं कोई आस

हो गया विश्वास

दूर उस पार

बुला रहा है कोई

सुलाने को गहरी नींद

देकर कुछ

जैसे कुछ श्वास

उधार

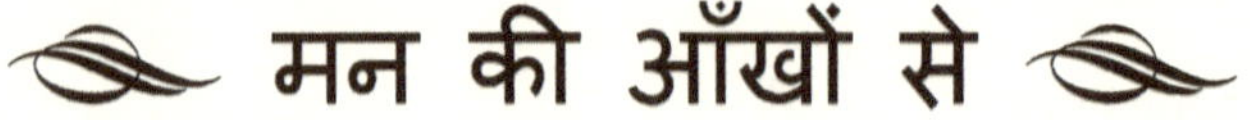

मन की आँखों से

दिल से दिल मिलते हैं मन की आँखों से,
दुश्मन भी बन जाते हैं दोस्त मन की आँखों से।

दिल की ज़ुबाँ प्यार बनती जब बोलती मन से,
भाव बने काव्य जब अभिव्यक्त हो मन की आँखों से।

खुला राज़ जब देखा हर राज़ मन की आँखों से,
रिश्ता हुआ और मज़बूत जब देखा मन की आँखों से।

मिली दिल को भी आवाज़ मन की आँखों से,
ख़्वाब बने हक़ीक़त जब देखे मन की आँखों से।

दूरियाँ दूरियां नहीं रही जब देखा मन की आँखों से,
हर शख़्स को पास पाया जब देखा मन की आँखों से।

दिल मन ही मन मुस्कुराया जब देखा मन की आँखों से,
हर सवाल का जवाब पाया जब देखा मन की आँखों से।

हर दुआ क़बूल हुई जब मागीं मन की आँखों से,

ईश्वर को अपने क़रीब पाया जब देखा मन की आँखों से।

सारा जग ख़ूबसूरत नज़र आया जब देखा मन की आँखों से,

हर रिश्ता प्यार से सराबोर हो गया जब देखा मन की आँखों से।

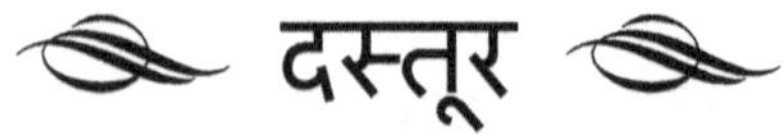 **दस्तूर**

निभाना नहीं था तो पास क्यों आते गए,
साथ चलना ही था तो क्यों रुलाते गए।

ज़िंदगी भर साथ यूँ ही चलता रहेगा,
तो दूरियां यूँ बेवजह क्यों बढ़ाते गए।

चाहते तुम भी थे चाहते तो हम भी हैं,
फिर बेवजह इल्ज़ाम क्यों लगाते गए।

हर वक़्त यूँ हीं कर तकरार की नुमाइश,
जाने दो न कहकर क्यों न सुलझाते गए।

करते ही रहे रुसवाई बात बात में,
उम्र भर हमें यों ही क्यों सताते गए।

भ्रम था कि अब शायद मुश्किलें ख़त्म हुईं,
सदा अपनी नज़रों से यूँ ही क्यों गिराते गए।

अब तो शायद इंतिहा हो गई सब्र की,
मौन में ही अलग दस्तूर क्यों बनाते गए।

सब नश्वर है

सब कुछ नश्वर है
कुछ भी जग में नहीं अमर है

सदियों से चलता आया है
धोखा, अविश्वास यहाँ पर
कहाँ भला कुछ भी नश्वर है
नाम दोस्ती के रिश्तों से
छेड़-छाड़ खिलवाड़ यहाँ है
वही दोगलापन ही है भाता
कुछ बनावटें और कृत्रिमता
अमर है सब कुछ अमर रहेगा

अपेक्षाएं कब हुईं सरल सी
भावनाएँ भी नहीं तरल सी
रहतीं विद्रूपताएं गरल सी
काश, कि राहें हों निर्मल सी
कहाँ भला कुछ भी नश्वर है
अमर है सब कुछ अमर रहेगा

कहते हैं

सब कुछ नश्वर है

कुछ भी जग में नहीं अमर है

बड़े अदब से

हमने कदम बढ़ाया बड़े अदब से,
कोई बेअदबी से पेश आए तो क्या कीजे।

हम तो चाँद की चाँदनी से नहाए थे,
कोई खिड़की ही बंद कर ले तो क्या कीजे।

हम तो पत्थरों पर भी सरपट दौड़े थे,
कोई मख़मल पर भी न सम्भले तो क्या कीजे।

हमने चढ़ती सीढ़ियों से मंजर देखे थे,
कोई सपनों में ख्वाब दिखाए तो क्या कीजे।

हमने कूची से दीवारों को रंगा था,
कोई रंग ही उड़ा ले जाए तो क्या कीजे।

हमने हर लम्हा अमानत मान कर जिया था,
कोई शिकायतों से दामन भर जाए तो क्या कीजे।

हमने तो फूल बन काँटों से भी निभाया था,
कोई छू कर ही लहुलुहान कर जाए तो क्या कीजे।

अपने गम को ही गीत बना लिया हमने

अपने ग़म को ही गीत बना लिया हमने,
देखो तुम बिन जीना सीख लिया हमने।

अब नहीं समझना और समझाना तुम्हें,
ख़ुद से ख़ुद को समझाना सीख लिया हमने।

शहर में अफ़साने बने हैं तेरी चर्चा के बहुत,
ख़ुद से इश्क़ कर बहाना बनाना सीख लिया हमने।

गमों का आना-जाना तो लगा ही रहेगा ताउम्र,
ज़िंदगी के ग़म को तराना बनाना सीख लिया हमने।

दिल बहुत बार टूट कर बिखर गया,
टूटे दिल से ख़ुद को बहलाना सीख लिया हमने।

मानते रहे ज़िंदगी के हर पल को इत्तफ़ाक़,
इत्तफ़ाक़ से अब हर रिश्ते से दूर रहना सीख लिया हमने।

यादें

पीछा नहीं छोड़ती यादें,
घेर लेती है बार बार।

कैसे न हो इनसे प्यार,
यही तो है हमारी खुशियों का द्वार।

वो खुला आंगन, माँ का लाड़, भाइयों संग तक़रार,
पापा का हमेशा करना मेरी तरफ़दारी हर बार।

सहेलियों सगं बिना कारण ठिठोली,
मनाना हर त्योहार को बनाकर हमजोली।

पर नहीं याद करना चाहती वो दर्द और घुटन,
जब मुस्कुराहट और खुशियां ही बनी थी बैरन।

अपेक्षाओं की लहर उम्मीदों पर था क़हर,
ज़िंदगी की हर जीत भी दे जाती थी प्रहार।

याद आ ही जाते हैं अँधेरी गलियों के लम्हें बार बार,

बस उलझ कर रह जाते हैं नहीं आता कोई रास्ता नज़र।

हों अच्छी या बुरी यादें रहती हर क्षण हमारे साथ,

बस न अटकें, न भटकें यादों में, न कम हो रफ़्तार।

बीता वक़्त न याद करो ये समझाया जाता है,

पर अच्छी यादें देती हैं ख़ुशी, बुरा अनुभव और बहुत बुरा नसीहत दे जाता है।

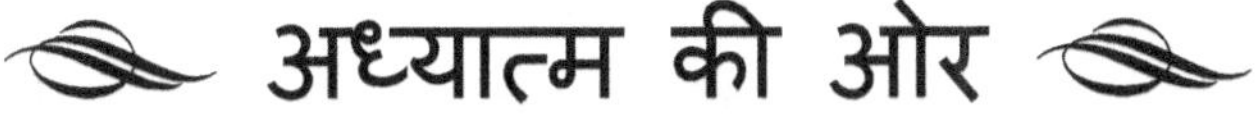

अध्यात्म की ओर

चलो कुछ आध्यात्मिक हो जाएँ,

आत्मोनुमुख हो ईश्वरीय होते चले जाएँ।

अध्यात्मिकता की पहली सीढ़ी है निर्मलता,

स्व से कर के पहचान, स्वाध्याय करते चले जाएँ।

ज़रूरी नहीं नियमित पूजा पाठ की,

मन, वचन, कर्म से बस, अनुशासित होते चले जाएँ।

तज कर राग, द्वेष, ईर्ष्या, लोभ और लालच,

बनाकर सबको अपना, सद्गुणों को अपनाते चल जाएँ।

कृतज्ञता का भाव जगाकर मन में, परम सत्ता के प्रति,

परम धाम का रमणीय पावन दृश्य, मन में बसाते चले जाएँ।

करें अनुभव प्रेरणा ज्ञानातीत, प्रकृति या ब्रह्माण्ड से,

इसके गहनतम अर्थ को समझकर, उद्दीप्त होते चले जाएं।

न हों क्षणिक सुख और विषयों के गुलाम,

सांसारिक बंधनों से थोड़ा मुक्ति पा, स्वतंत्र होते चले जाएँ।

ध्यान, प्रार्थना, चिंतन को करके जीवन में शामिल,

आध्यात्मिक केवल अपना व्यवहार ही, बनाते चले जाएँ।

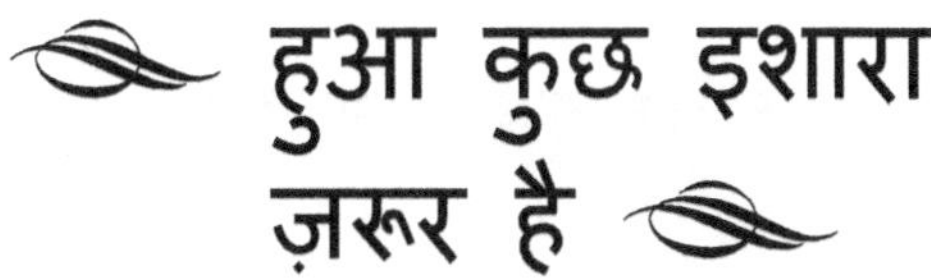

हुआ कुछ इशारा ज़रूर है

मुझे मेरे न होने का एहसास हो रहा क्यूँ है,
संवेदनाओं में विरक्ति का भाव आ रहा क्यूँ है।

दुख-सुख, पाना-खोना, अपना-पराया समभाव हुए,
ईश्वर की तरफ़ से हुआ कुछ इशारा ज़रूर है।

विचारों की अभिव्यक्ति हुई शुन्य क्यूँ है,
मन पर छाई उदासीनता की बदली क्यूँ है।

बरसात में भी मन बंजर धरती सम वीरान हुआ,
वक़्त की तरफ़ से हुआ कुछ इशारा ज़रूर है।

मन में आज प्रायश्चित का भाव जगा क्यूँ है,
संबंधों से स्वतंत्र हो मुक्ति का भाव पनपा क्यूँ है।

किसी के होने या ना होने से दुनिया की गति नहीं रुकती,
क़ुदरत के नियमों को मानने का हुआ इशारा ज़रूर है।

आत्म सम्मान सहेजने का विचार करता परेशान क्यूँ है,

अपनेपन और स्वार्थ के बीच का अंतर समझ में आया क्यूँ है।

आध्यात्मिक हो सांसारिकता त्यागने का विचार मन में आ गया,

हुआ जीवन के सफ़र की आख़िरी मंजिल की ओर इशारा ज़रूर है।

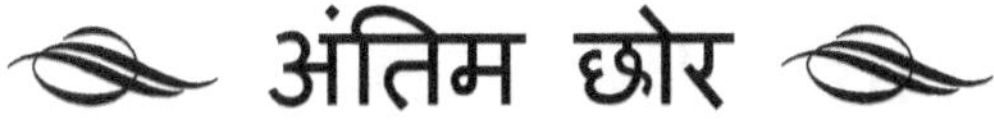 अंतिम छोर

आत्मा से आत्मा का मिलन, है केवल बेमानी,

आत्मा से परमात्मा का मिलन ही, है केवल रुहानी।

बन्धनों में बर्धे हैं सभी रिश्ते, बस यही एक ग़म है,

आत्मिक प्रेम की तलाश, सांसारिक रिश्तों में केवल भ्रम है।

तमन्ना बस यही अब यह तलाश हो जल्द पूरी,

दुनिया कूच करने से पहले, न रहेगी इच्छा कोई अधूरी।

मन है, अंतिम छोर को छूने का जहाँ है परम शांति,

लगता है, वही है अब मेरी मंज़िल नहीं कोई मुझे भ्रांति।

आ चुका वक्त अब मोह माया के बंधनों से मुक्त होने का,

ज़िंदगी के सफ़र को आसान बना, सफ़र को अंत करने का।

अनुरागी मन

सतरंगे पंखों को लगाकर,

कहाँ उड़ चला अनुरागी मन।

राग-द्वेष के जग को तजकर,

ढूँढे हर्षित सुख के क्षण।

प्रीत के बंधन अस्थिर न हों,

छँटे निराशाओं का अंधेरा।

चाहत की बगिया में खिलें,

सिंदूरी मधुरिम से सुमन।

कहीं नीड़ में होगा बसेरा,

छितराया अंबर झूमेगा।

हुलसाएगी होले-होले से,

मतवाली सी बसंती पवन।

संध्या रजत चुनर ओढ़कर,

अंबर पनघट पर डोले।

अनुपम छवि हो चिरस्थायी,

अपलक निहारें मेरे नयन।

सतरंगे पंखों को लगाकर,

कहाँ उड़ चला अनुरागी मन।

राग-द्वेष के जग को तजकर,

ढूँढे हर्षित सुख के क्षण।

 प्रतिक्षण

प्रतिक्षण करते हैरान मेरे मन को,
नूतन विचार जो बहलाते मन को।

करती विकल नभ की वारिद माला,
मलयानिल आती छूकर बदन को।

ढूँढती रहती लहरों पर विचरण कर,
अनुभव होता आत्म मंथन मन को।

सस्मित वदन ले आते मृदु गति से,
उत्कंठा अर्ध निशा में हरती मन को।

मेघ बरसते वन उपवन गिरि कुंज में,
नैनों से नीर झरता भिगोता मन को।

है पावन उज्जवल मेरी प्रेम कहानी,
प्रेम का राज्य सुंदर सानंद मन को।

देकर हौसला बनाकर मुझे कल्याणी,
किया निर्भय, दृढ़ और अनुरागी मन को।

डॉ दवीना अमर ठकराल

अध्यक्षा/संचालिका

स्वतन्त्र लेखन मंच